…king the doorway, facing

…y

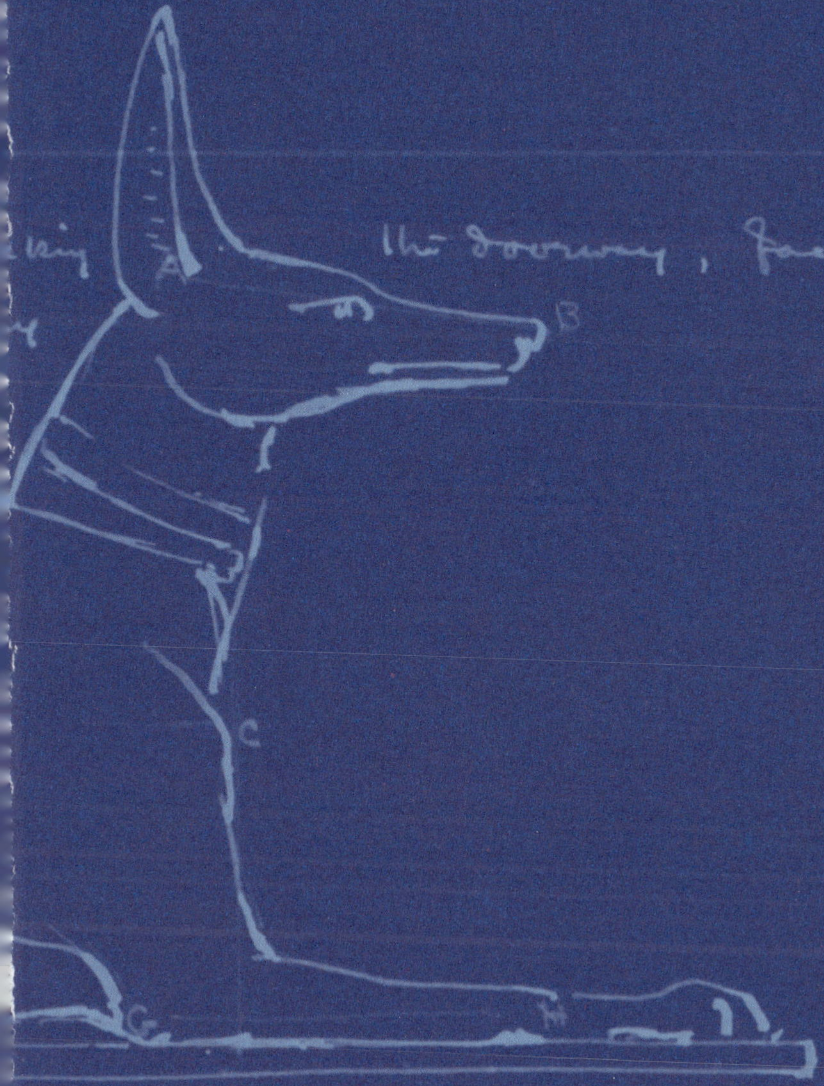

… Nose, 26·1 Cms

…osition of the Ischium, 60 Cms

… Cms

… of Radius, 20. Cms

…sus 16·6 Cms

… Cms

Tutankhamun

牛津图坦卡蒙考古珍档

·100周年纪念·

[英] 理查德·帕金森 编著/王海利　张艺琼 译

金城出版社
GOLD WALL PRESS
中国·北京

图书在版编目（CIP）数据

牛津图坦卡蒙考古珍档：100周年纪念 / (英) 理查德・帕金森编著；
王海利，张艺琼译. —北京：金城出版社有限公司，2023.1
书名原文: Tutankhamun
ISBN 978-7-5155-2374-3

Ⅰ. ①牛… Ⅱ. ①理… ②王… ③张… Ⅲ. ①金字塔 - 图集 Ⅳ. ①K941.17-64

中国版本图书馆CIP数据核字(2022)第199927号

牛津图坦卡蒙考古珍档：100周年纪念

编　　著　[英] 理查德・帕金森
译　　者　王海利　张艺琼
责任编辑　许　姗　岳　伟
责任校对　高　虹
责任印制　李仕杰
开　　本　710毫米 x 1000毫米　1/8
印　　张　18.5
字　　数　150千字
版　　次　2023年1月第1版
印　　次　2023年1月第1次印刷
印　　刷　小森印刷（北京）有限公司
书　　号　ISBN 978-7-5155-2374-3
定　　价　108.00元

出版发行　金城出版社有限公司　北京市朝阳区利泽东二路3号　邮编：100102
发 行 部　（010）84254364
编 辑 部　（010）64391966
总 编 室　（010）64228516
网　　址　http://www.jccb.com.cn
电子邮箱　jinchengchuban@163.com
法律顾问　北京市安理律师事务所　18911105819

译者序

图坦卡蒙带给我们的谜题和思考

作为一名埃及学者，我经常被别人问及："图坦卡蒙是古埃及历史上最著名的法老吗？"每次听到这个问题我都感到困惑。我想只有使用德语中的"Neinja"（既是也不是）这个词回答最为恰当。

在古埃及数量众多的法老中，图坦卡蒙本是一个名不见经传的无名小卒，最鲜为人知的统治者之一。正如图坦卡蒙墓的发掘者、英国考古学家霍华德·卡特所说："我们可以坦白地说，他一生中最典型的特征是他死了并被埋葬了。"图坦卡蒙继承古埃及王位时只有八九岁的样子，十年后正当他长大成人开始有一番作为时，他却神秘地死去了。1922年，卡特在埃及古都底比斯发现了图坦卡蒙的陵墓，这是迄今为止发现的古埃及历史上唯一一座未遭受破坏的国王陵墓。这一发现使得图坦卡蒙的名字家喻户晓、妇孺皆知，他一下子成为古埃及历史上知名度最高的国王。

的确，此前埃及考古发掘的所有古迹，几乎从来没有像图坦卡蒙墓这样引起如此大的轰动。卡特为我们打开了一座距今3000多年，充满神秘、充满传奇、令人遐思万千的古埃及地下王国。图坦卡蒙犹如一盏强力聚光灯，带来了轰动世界的考古发现高光时刻。墓中出土了金棺、黄金面具等5000多件珍贵文物，其中包括国王的木乃伊。图坦卡蒙墓的发现轰动了世界，出土文物令人目不暇接。

图坦卡蒙生活的时代是古埃及历史上一个特殊的、令人目眩而神秘的时代。那段历史纷繁而芜杂，许多历史真相仍被笼罩在神秘的面纱之下，有待后人去揭开。时光荏苒，自图坦卡蒙墓发现100年来，尽管我们对图坦卡蒙及其相关历史的了解越来越丰富，但是也不得不坦言，图坦卡蒙留给我们的谜题实在太多，留给我们的思考太多。

图坦卡蒙家世、身世之谜

图坦卡蒙是谁？我们知道他是古埃及历史上新王国时期第18王朝的国王。图坦卡蒙有两个名字，一个即本名"图坦卡吞"，意为"阿吞神活着的形象"，后来改为图坦卡蒙；另一个名字是登基名"奈布凯普鲁拉"，意思是"拉神的多种形式"。图坦卡蒙的父亲是谁？2008年前后，考古学家对图坦卡蒙的木乃伊以及相关的多具木乃伊进行了基因检测，结果显示法老埃赫那吞就是图坦卡蒙的父亲。这一点绝对出乎我们的意料。因为以前我们只知道图坦卡蒙只是埃赫那吞的女婿，他娶了埃赫那吞的女儿安凯萨蒙为妻。图坦卡蒙的母亲又是谁呢？遗憾的是，研究人员至今无法给出明确的答案。在进行过基因检测的相关古埃及木乃伊中，一具来自帝王谷KV35墓中的年轻女子的木乃伊引发关注，研究人员判断这位年轻女子很有可能是图坦卡蒙的母亲。关于该女子的身世众说纷纭、莫衷一是，令我们困惑不已。有学者认为她就是埃赫那吞的王后奈弗尔提提，也有学者认为她是埃赫那吞的长女梅莉塔吞，还有数量更多的学者认为，这位女子是埃赫那吞的另外一个王后凯娅。那么，图坦卡蒙的母亲究竟是谁，一时还难以解开这个谜。

图坦卡蒙的妻子是安凯萨蒙，意为“阿蒙神的生命”（或“活着的阿蒙神”），她最初的名字叫安凯萨吞，意为“阿吞神的生命”（或“活着的阿吞神”），显然与图坦卡蒙一样，是在埃赫那吞一神教改革失败，古埃及宗教重新恢复阿蒙神信仰之后所做出的相关举措。安凯萨蒙是埃赫那吞国王与王后奈弗尔提提所生的多个女儿中的一个。由此看来，图坦卡蒙所娶的竟然是他的异母姐妹。不过，这类婚姻在古埃及历史上并不少见，尤其是新王国时期的王室成员，有多个国王娶了自己的姐妹为妻。图坦卡蒙墓中发现了两具小棺材，令学者们惊讶不已。棺材打开后发现是两具儿童木乃伊，为两个女性胎儿的尸体，在母胎中的时间分别为5个月和7个月。后来经过考古人员进一步的检测研究表明，这两个婴儿都是图坦卡蒙和安凯萨蒙的孩子。两个婴儿都因早产死亡。试想作为母亲的安凯萨蒙，当年该是何等的伤心和悲痛。因为图坦卡蒙没有后代继承王位，安凯萨蒙在陷入王位危机时，向当时的大国赫梯写信请求赫梯国王派遣一名王子前来埃及并继承埃及王位，显然这一切皆在情理之中了。

我们知道图坦卡蒙继承埃及王位时只有八九岁的样子，作为如此年幼的国王，显然他不可能亲自操纵治理国家的大权。保留下来的“复元石碑”上，记载了国王图坦卡蒙为了稳定政府， 恢复神庙和对阿蒙神的崇拜所做出的巨大努力。根据相关记载，图坦卡蒙统治期间，埃及的都城从当年国王埃赫那吞兴建的新都阿玛尔那重新迁回了旧都底比斯。图坦卡蒙废除了埃赫那吞的一切改革，补偿了阿蒙神庙的一切损失。我们不免会提出疑问，一个如此年幼的儿童国王，有可能做出这番惊天动地的事情吗？显然在国王权力的背后肯定有一个真正权力的操纵者。那么，这个人又是谁呢？一个名叫阿伊的人浮出水面。据记载， 阿伊在埃赫那吞时期就一直是令人瞩目的人物。阿伊曾是国王埃赫那吞的亲密顾问和私人秘书，其妻子太伊曾做过埃赫那吞王后的保姆或家庭教师。阿伊对国王政策及宗教活动方面肯定产生过相当的影响。埃赫那吞授权阿伊在新都阿玛尔那负责营造国王坟墓。当埃赫那吞死后，图坦卡蒙继承了埃及王位， 阿伊则成了图坦卡蒙的宰相。因此，我们可以相信，阿伊一定对这次都城及政府的迁移和对旧宗教信仰的恢复负有完全的责任。在阿伊操纵下的国王图坦卡蒙只不过是一个傀儡而已，他很可能完全生活在权臣阿伊的控制之下，并且在迁都及恢复旧宗教信仰过程中，被迫由原名图坦卡吞改为图坦卡蒙。

图坦卡蒙死因之谜

图坦卡蒙死后，埃及王位继承中断。在这场严重的宫廷危机之下，图坦卡蒙的寡后安凯萨蒙寄希望于国外，向外国寻求帮助顺理成章。当时的古代世界，风谲云诡、动荡起伏。根据近年来考古发现的赫梯文献中，我们发现寡后确实曾给赫梯国王写过信，而且还不止一封。其中一封是这样写的：“我的丈夫死了，听说您有几个成年王子，请派给我一个吧，他将会成为埃及的国王……”根据已经解读的赫梯文献，我们也了解到赫梯方面的反应。当赫梯国王苏皮鲁流马收到这封信后，他感到半信半疑，甚至怀疑这是埃及设下的一个圈套。于是他把手下的大臣们都召集起来，充分研究了这桩事件。最后还是决定派遣使臣出访埃及，调查该事件的真相。后来，赫梯使臣在埃及使臣汉尼陪同下一起返回了哈图萨。赫梯国王苏皮鲁流马最终被说服，派出自己的王子詹南扎前往埃及和埃及寡后结婚。为什么图坦卡蒙的寡后要求助于赫梯国王，请求他派王子前来埃及与其结婚并做埃及的国王呢？原因很可能是埃及惧怕赫梯的强大，当时的赫梯正是最强盛的亚洲国家，对埃及形成了威胁。在赫梯文献《穆尔西里的第二次瘟疫祈祷》中有这样的记载：“我的父亲派遣了步兵和战车，他们袭击了埃及领土阿穆卡。这时埃及害怕了，他们请求（父亲）派一个王子去做埃及的国王……”

在这种情况下，埃及寡后一定十分惧怕赫梯乘机进攻，因此她不得不采取明智之举，即向赫梯国王请求派一位王子与她结婚并继承埃及王位，试图通过外交婚姻幸免于赫梯的袭击，加强个人的统治地位。根据赫梯文献记载，国王苏皮鲁流马确实派出了他的王子来满足埃及这场政治联姻的请求。但是令人感到意外而费解的是，王子在赴埃及途中却暴卒于叙利亚。究竟是驻守在叙利亚的埃及伏军谋害了王子，还是被叙利亚本土军队所杀害？或者王子之死纯属意外事故？……这一切人们无从所知。或许我们可以从赫梯文献中得出一丝线索。在《穆尔西里的第二次瘟疫祈祷》中有以下记载：“当我的父亲派去一个王子时，他们却在（王子）去（埃及）的路上杀害了他。”

那么，文献中的“他们”确切指谁呢？无疑这是困惑我们的一个问题。而且我们也不知道王子詹南扎死后，埃及的准确情况如何。詹南扎之死又成了解不开的历史难题。还有，图坦卡蒙寡后的结局也不为后人所知。总之，这一系列问题都成了难解之谜。

至此，我们会很自然地思考这样一个问题：难道国王之死、王子之死等一连串事件纯属巧合吗？埃及国王之死与赫梯王子之死是否有某种潜在的联系？国王之死、王子之死是否又与埃及王位问题有牵连呢？为了回答这些问题，我们必须首先明确这样一个问题，图坦卡蒙死后究竟是谁继承了埃及王位。王位被阿伊所继承。在图坦卡蒙墓考古挖掘中发现了一幅壁画，画面上描绘的是头戴王冠的法老阿伊正在主持死去法老图坦卡蒙的葬礼，包括被人们认为是可以使死者复生的“开嘴”仪式。因此，图坦卡蒙死后阿伊占据了王位，无可置疑。既然如此，我们怀疑阿伊与国王之死、王子之死有密切关系则不足为奇。难道阿伊（或其同僚）果真就是杀害图坦卡蒙和赫梯王子詹南扎的凶手吗？

图坦卡蒙墓的发现引发了埃及学上的一场技术革命，那就是通过对古埃及木乃伊的医学科技手段的研究，探索死者死亡的确切原因。这就像法医面对一具腐烂多年的尸体，通过刑侦手段和科技手段相结合寻找元凶一样，宛如福尔摩斯笔下的侦探故事一样曲折离奇。对图坦卡蒙的死因问题，学者们曾提出过种种猜测和假说，有的猜测国王死于疾病，有的猜测死于意外事故，有的猜测死于谋杀……众说纷纭、莫衷一是。法老的英年早逝，唤起了众多研究者的好奇心，诱导探索者们穿越时空，拨开历史的层层迷雾，去触摸那个久远而神秘的古埃及世界。

截至目前，学者们对图坦卡蒙的木乃伊共进行了4次检测。第一次是在图坦卡蒙墓发现后不久由卡特组织进行的检测。1925年11月11日，卡特与埃及古物部总管卢卡斯、纽约大都会博物馆伯尔顿等人，对图坦卡蒙的木乃伊进行了初步检测，发现图坦卡蒙的木乃伊保存状况非常不理想——碳化严重，基本上面目全非了，这可能是因为工匠在当年制作木乃伊时过量使用树脂（具有很强的腐蚀性）导致的。当卡特揭开包裹国王头部最里面的一层亚麻布时，一个激动人心的时刻到来了——国王的脸庞露出来了，卡特形容说："那张脸有文化，有教养，五官端正。"图坦卡蒙的双眼半睁半闭，睫毛较长，嘴唇有些上翘，露出了中间那颗较大的牙齿。这次检测还有一个很重要的发现，那就是在靠近国王右耳垂的地方，有个直径为7.5毫米的圆洞。

对图坦卡蒙木乃伊的第一次检测，似乎没有发现国王死因的迹象。年轻的国王究竟是怎样死的呢？为了解开这个谜底，对图坦卡蒙木乃伊的第二次检测提上日程。1968年12月4日，在埃及古物部以及官方的允许下，英国利物浦大学的哈里森教授对图坦卡蒙木乃伊进行再次检测。哈里森发现图坦卡蒙木乃伊没有被包裹，显然卡特第一次检测后并没有对木乃伊进行重新包裹。其次，哈里森发现图坦卡蒙木乃伊已经不是一个整体，而是被分割成了几部分：头颈部与躯干分割，双臂与肩部分离，双腿与臀部相分离，大腿与小腿也从膝盖部分开了，躯干与骨盆也分开了。接下来，哈里森对木乃伊进行X光检测，他发现国王的胸骨和肋骨竟不翼而飞了，对其胸部的放射检测发现，国王所有的脊椎丝毫未受影响。对国王的足部进行X光检测，发现国王的足弓很突出，哈里森认为国王生前很可能有点瘸，不过并没有发现足外翻的证据，但是最外面的脚趾骨有点偏差，这很可能说明国王生前是一位轻微瘸拐的残疾人。对图坦卡蒙木乃伊的第二次检测仍旧没有发现国王死因方面的直接证据。

1978年美国密歇根大学医学教授哈里斯，对图坦卡蒙木乃伊进行了第三次检测。他发现国王的眼睑严重塌陷，整个右耳不翼而飞，尸体碳化严重，颜色变得更黑。另外，X光片检测发现国王颅骨后面有明显的伤痕，并有一块头骨丢失。国王究竟是怎样死的呢？检测结果无法再提供进一步的证据。不过，国王头部的创伤却引起了学者们的极大关注，继而提出图坦卡蒙死于谋杀，这个论断一时广为流行。

为了彻底解开图坦卡蒙死因之谜，2000年11月，埃及最高文物委员会尝试使用DNA技术对图坦卡蒙木乃伊提取样本进行研究。但遗憾的是，由于图坦卡蒙木乃伊保存状况太差，没有能够成功地提取出必需的DNA样本。2005年3月，时任埃及最高文物委员会秘书长的哈瓦斯，率领埃及本国专家以及来自意大利和瑞士的专家，对图坦卡蒙的木乃伊进行了第四次检测。专家组对图坦卡蒙木乃伊进行了CT扫描，得出的结论认为，国王头部颅骨处的伤痕，并非由于国王生前受外伤所致，而是在其木乃伊制作过程中，摘取脑髓时留下的。哈瓦斯在接受英国广播公司（BBC）采访时说："我非常确信，国王图坦卡蒙死于公元前1352年，但绝对不是死于谋杀。"专家组最终结论认为，国王图坦卡蒙很可能由于生前腿部骨折导致感染，感染最终导致了死亡。虽然埃及方面对此次检测结果非常自信，但是全世界有很多埃及学家并不以为然。国王图坦卡蒙究竟是怎么死的呢？通过对他的木乃伊的研究我们最终能够解决这个难题吗？

图坦卡蒙生活的时代是古埃及历史上一个特殊的、令人目眩神迷的时代。那段历史纷繁而芜杂，许多历史真相仍被笼罩在神秘的面纱之下。我们不禁要问，利用现代高科技手段，以及对相关历史文献的发掘和考证，我们能否如实地复原那段逝去的岁月，从而成功破解这跨越了几十个世纪的历史之谜呢？我们还需要拭目以待。

图坦卡蒙诅咒之谜

如果说“法老的诅咒”之类的传说是从一个单独事件兴起的话，这个事件当推卡特的资助人英国卡那封勋爵之死。1923年4月初，卡特在埃及卢克索帝王谷发掘时收到了一封电报，说卡那封勋爵生病了。当时卡特正忙于工作，没有太在意，很快卡特又收到了第二封电报说卡那封勋爵病情加重，高烧。于是，卡特迅速赶往卡那封勋爵下榻的大陆饭店……4月5日，卡那封勋爵溘然与世长辞，匆匆告别了他短暂的57年的人生之旅。从这时起人们便开始议论纷纷，说这是冥冥中对不敬神者的惩罚。更加令人难以理解的是，在这一年里又有两个同发掘图坦卡蒙墓相关的人先后死去，一位是与卡特共同负责发掘图坦卡蒙陵墓工作的美国考古学者梅斯，梅斯在协助卡特时是带病坚持工作，工作未完就因病退出了发掘工作。卡那封勋爵死后不久，梅斯就常常抱怨自己体力不支。医生为他治疗，但却找不出任何病因。不久后梅斯一命呜呼，并且也死在了卡那封勋爵下榻的大陆饭店。于是，新闻界掀起了“法老的诅咒”之说的报道。报纸上赫然出现了“法老的复仇”之类的标题，副标题则煞有介事地说“图坦卡蒙的诅咒又害死了一个”“第二个被害了”“第三个被害了”……“第十九个被害了”等令人毛骨悚然的报道。面对这种局面，卡特决定亲自出面辟谣。他说：“一位埃及学家的感情……不是害怕，而是尊重。他的感情和愚昧的迷信是不相容的。然而那些追求精神刺激的、易动感情的人中间，却充满了愚昧的迷信……”卡特还尖锐地指出，所谓“图坦卡蒙复仇”等荒谬的报道，不过是“纯粹的文字游戏”而已。接着，他还针对所谓“跨进门槛就有危险”的报道解释说，科学证明这种危险是不存在的。卡特强调指出，科学家已经探明图坦卡蒙墓中并不存在病毒。

“法老的诅咒”一直充满着神秘色彩。无论其真实原因是什么，但有一个事实却是无法掩盖的，截至1930年年底，在参与发掘图坦卡蒙墓的人员中，已有13个人先后离奇地暴卒。即使卡特本人侥幸逃过了这场劫难，但是他后来身体状况一直欠佳。美国埃及学家布雷斯特德曾经回忆说：“我觉得卡特在多年发掘图坦卡蒙墓过程中患了病，他看起来一副病态，筋疲力尽、无精打采的样子。……卡特确实是病了，而且病得不算轻，他有时候神情恍惚，神不守舍，他常常无法进行思考，无法进行判断，无法做出正确的判断。”1939年3月3日，图坦卡蒙墓的发现者、世界著名考古学家卡特与世长辞，享年65岁。

图坦卡蒙不仅给我们留下了太多谜题，而且他似乎还用手中的“魔杖”，唤醒了埃及人民的民族觉醒意识。图坦卡蒙墓的发现宛若一条导火索，引燃了那场如火如荼的埃及民族运动的爆发。1922年卡特在帝王谷发现了古埃及国王图坦卡蒙的陵墓轰动了整个世界，国际关注的焦点自然也被吸引到了埃及。卡特着实没有想到图坦卡蒙墓的考古发掘，竟然引发了一场纷繁复杂的政治风波。埃及的历史既悠久绵延、辉煌灿烂，又曲折跌宕、多灾多难，埃及还多次被外国统治。1922年2月

28日英国承认埃及独立，成为埃及近代史的转折点。虽然当时英国名义上承认埃及独立，但是埃及并没有真正独立，因为英国在埃及仍然驻扎军队，享有许多特权。随着图坦卡蒙墓的轰动发现，埃及媒体声称“卡特不是在英国挖掘他的祖坟，而是在埃及国土上挖掘法老坟墓”。后来埃及媒体还报道说卡特正准备把从图坦卡蒙墓中发掘出来的珍宝运往到英国。于是，埃及政府很快做出反应，宣称拥有对埃及法老及其珍宝的全部处理权。此后，图坦卡蒙墓事件在国际上大大发酵，有力激发了埃及民族意识的高涨，促使埃及反英情绪空前高涨，也导致卡特的发掘几度中断，性格倔强的他在应对这些冲突中被搞得焦头烂额。图坦卡蒙墓引发的政治风波，以及卡特在埃及遭遇的种种，有力见证了埃及民族主义运动的高涨，显示了埃及人民反对英国占领的坚定决心。

图坦卡蒙墓的发现实在太轰动了，它大大刺激了全世界普通民众的好奇心，世界上没有任何一门学科能像埃及学这样，吸引如此众多的普通民众的关注和想象力。因此，古埃及文明不仅是专家学者们关注的对象，而且也是广大业余爱好者的永恒话题。然而，这个特点也反过来影响了埃及学这门学科的属性。由于人们对埃及考古的过度期待，导致埃及学这门学科的声誉更多地建立在获取轰动壮观、吸人眼球的考古发现上，而不是更多地专注于古代埃及政治、经济、社会等方面的研究，甚至导致了一种恶性循环，使得埃及学日益与“发现漂亮文物”联系起来；同时，使得埃及学者日益与神秘主义联系起来，人们觉得埃及学家如同美国大片中那位考古学家印第安纳·琼斯一样充满传奇。要知道，古埃及历史、古埃及文明，绝非仅仅是古埃及残迹的拼凑而已。埃及学从1822年法国学者商博良破译古埃及文字以来，发展成为一门以解读古埃及文字文献为中心，全面研究古埃及政治、经济、文化等方面的综合性学科。它是一门科学，绝非人们想象中的寻金探宝似的猎奇。这门学科需要更多的是埃及学家们兀兀穷年、孜孜以求，对古埃及文明全面而深入的研究。

面前这本装帧精美的《牛津图坦卡蒙考古珍档》，全书使用了50份珍贵的发掘档案，向我们展示了图坦卡蒙墓发掘过程中的一幅幅历史画面，让我们有幸重温这场轰动世界的考古发现的波澜壮阔的景象。同时，掩卷深思，它促使我们思考图坦卡蒙墓的发现怎样深深影响和改变了埃及学的发展进程，乃至埃及学的未来。在图坦卡蒙墓发现100周年、埃及学诞生200周年之际的这么一个难得而重要的历史节点，该书的问世背后所反映的，我想应该正是英方出版者、中方出版者的良苦用意之所在吧。

英国著名作家、文学评论家吉尔伯特·基思·切斯特顿说：“如果我们搞错了过去，那么几乎敢肯定地说，未来也将必错无疑。”鉴古而知今，彰往而察来。我们回顾这段历史，图坦卡蒙墓的发现只是漫漫历史长河中的一个小小的事件而已，但是它大大丰富了，也改写了我们对古埃及这段历史的认识，当然，它带给我们更多的则是对古代埃及文明的永无休止的探索。

王海利

2022年8月30日

前言

献给詹姆斯·伊沃里

每天我都在发掘——我在发掘。当我听到尼罗河的吟唱时，我在数千年前女人们所制造的沙粒中找到了自己的遗物。

——弗吉尼亚·伍尔夫，《海浪》(1931年)

图坦卡蒙墓是现代考古学中最著名的发现之一，但是关于图坦卡蒙之死以及霍华德·卡特发掘的历史真相，却不像人们通常所认为的那样简单。20世纪40年代，卡特的外甥女菲利斯·沃克将卡特的发掘档案捐赠给了牛津大学格里菲斯研究所。这些档案揭示了与陵墓相关的错综复杂的古代与现代历史。这些档案本身如同陵墓与发掘一样，都是多种多样相互联系的历史进程的结果。这本书通过50份发掘档案纪念这一文化盛举。从现代人的视角来看，我们很容易吹捧，或是诋毁这位英国发掘者和他的团队，但档案则有助于我们将该事件置于其文化和历史背景之中，从而进行细致入微的评价。

本书中的文物是格里菲斯研究所的成员伊丽莎白·弗莱明和弗兰西斯科·博世-普世挑选的，并撰写了文字说明。其中的一些条目由凯特·沃尔斯和珍妮·纳夫拉蒂尔编写，他们同时负责制作图片。档案的筛选是基于工作人员对档案的了解和对研究者、来访者关于档案所提的问题进行的。我作为编者，组合了这些条目并将它们打造成“一个声音”。虽然这是一项需要协作才能完成的工作，但是具体的解释和说明仍由编者负责。我们试图展现这些档案如何使来访者沉浸其中并有所收获，选取了一些具有标志性的以及读者不太熟悉的资料。当这些图片展示墓中的物品时，我们都会按照档案中记录的尺寸，标明它的大小，除非用肉眼足可以看出。每一个条目都附有其档案细节。

非常感谢格里菲斯研究所前工作人员梅丽莎·唐宁、艾莉森·霍比、苏·哈奇森、文森特·拉萨纳乔、安妮—克莱尔·沙赫普尔、凯特·沃尔斯，特别是亚罗米尔·马利克。在前几代人员中我们特别怀念黛安娜·麦基、海伦·默里和菲奥娜·斯特拉岑。我们也向图坦卡蒙墓发掘队的家人和后代致以深切的谢意，正是他们慷慨捐赠的原始文件，包括个人和家庭的收藏，才使这份档案得以建立起来。我们同样感谢格里菲斯研究所管理委员会的成员，研究所新任董事伊丽莎白·弗鲁德和玛瑞恩·申图里特，以及负责展览的项目主任丹妮拉·罗斯诺；还要感谢不管是过去还是现在从事档案材料工作的各位志愿者和文物保护员，以及拨款给我们的资助机构，正是他们的资助使我们可以为档案研究购置新书。我们对阅读并完善文稿的玛丽安·伊顿—克罗斯感激不尽，感谢不吝讨论《前言》的希巴·阿贝德·埃尔–加瓦德，感谢亨丽埃塔·麦考尔为编辑文字说明提供的非常有价值的帮助。

衷心感谢博德利图书馆涉及本项目出版和展览的所有工作人员，尤其是塞缪尔·范诺斯、苏西·福斯特、萨利安尼·吉尔克里斯特、朵特·利特尔、珍妮特·菲斯普斯、琳达·施林普顿和玛德琳·斯拉文。感谢王后学院；感谢阿什莫林博物馆的利亚姆·麦克纳马拉和保罗·柯林斯；感谢埃琳诺·道布森，他建议将该考古发现的接受过程写入本书之中；还有在阿拉伯文材料上提供帮助的法特玛·凯什克和赫巴塔拉·伊布拉希。我们十分感激牛津大学人文学院的凯伦·奥布里恩和维多利亚·麦吉尼斯的大力支持，以及东方研究所的乌尔丽克·罗斯勒、托马斯·霍尔和艾米丽·布什。感谢阿拉·阿瓦德、彼得·克拉克、安东尼·罗斯·科斯坦佐和亚当·洛，正是他们的努力才使得我们使用外部图像成为可能。

感谢这些年前来的访客和研究者，他们支持并与我们分享对档案记录的策划设想，在此工作中建立了深厚的国际友谊，尤其是建立起了与埃及的友谊。

理查德·帕金森

目录

4

引言

“奇妙”的东西

R.B.帕金森

> 这些物品安静地躺了几千年。
>
> ——E.M.福斯特
>
> 《阿宾格收获集》，(1936年)

葬礼

公元前14世纪末的一个春日，一群官员反复地在灰泥墙壁上盖上国王图坦卡蒙的印章，并封上了这座小型岩墓。里面放置着一个不足20岁的年轻人的丧葬用品，他的死亡是如此出人意料。在过去的几天里，举办了漫长而复杂的葬礼，仪式结束后，图坦卡蒙的木乃伊尸身被放入黄金棺中，棺木周围置有棺椁，墓室被封闭起来。然后，仪式中所用的物品被放入其他房间，那些房间已经被先前存放的物品填充了一部分。一旦外部的入口被墙围住并盖上印章（图1）之后，官员们就只能沿着短短的一段台阶，爬到沙漠山谷的露天场地。[1]

这一切究竟是在何时发生、怎样发生的，并未被记录下来，但可以肯定的是，这绝非一个简单的过程。图坦卡蒙的一些丧葬用品是从前任国王的墓中挪用过来的，从现场的痕迹不难看出当时的匆忙和应急处理。比如，为了将棺椁放入墓室而清理了台阶并扩大了门道。根据推测，关闭墓室最后阶段的工作并不彻底，不久之后盗墓贼进入了陵墓（也许甚至两次进入）并试图偷盗。守墓人匆忙收拾了盗墓贼留下的混乱场景，并将墓门重新封闭，确保国王的尸体安然无恙。所有这些人们想象不到的行动的证据都保留了下来，甚至包括盗墓贼偷窃油膏时在容器上留下的指印（图2）。

图坦卡蒙的父亲埃赫那吞关闭原有神庙以支持新的宗教信仰，导致了国家动荡，致使图坦卡蒙在年幼时就登上了王位。这些官员们应该亲眼见证了他成长为一位少年法老的整个经过。保存下来的历史遗迹表明，这位年轻人光复了原来的传统神庙，“那些圣殿就像从来就不曾存在过一样……国家笼罩在痛苦之

图1　一块密封墓穴入口的墙体（卡特第4号）；灰泥墙壁上盖有代表王陵的官方印章
伯顿 P0277

1　关于葬礼的描述见玛丽安·伊顿－克劳斯：《未知的图坦卡蒙》，伦敦，2016年，第103–118页。

下，众神远离了这片土地”。[1]然而，其后的王朝将图坦卡蒙同他离经叛道的父亲一起排除在历史记载的书写中。关于这位国王的记忆更多地要从官员们留置的陪葬品中找寻：达官显贵所捐赠的仪式用品，为小国王所造的小型家具，一个装有剃须设备的白色木盒，上面用墨水标有“国王陛下小时候的工具（祝他健康、长寿、富有！）”，刻有“国王陛下挑选并亲手从一片芦苇丛中砍下的一个芦苇秆所制作”字样的手杖[2]，国王祖母的一缕头发，两个令人心酸的早产女婴儿的木乃伊。墓室中的物品可能会为后人提供有关墓主人生平的线索，有朝一日会被数百万人目睹，但是目前它们被安全地保存起来了。对于在国王墓地中工作的官员和工人来说，漫长、复杂和棘手的工作已经完成，他们可能会有一种如释重负之感。

图 2　古代盗贼从墓中偷走大部分油膏后在方解石瓶中留下的指印（卡特第 435 号）
伯顿 P1653

1　沃尔夫冈·赫尔克：《第十八王朝文献》，第 22 卷，柏林，1958 年，第 2027 页（作者翻译）。

2　引自一个盒子上的标签（卡特第 68 号：雅罗斯拉夫·塞尔尼：《图坦卡蒙墓中的祭祀体铭文》，图坦卡蒙墓系列 2，格里菲斯研究所，牛津，1965 年，第 9–10 页，第 26 卷第 50 期；一根手杖上的圣书体铭文（卡特第 229 号：霍斯特·宾利希和穆罕默德·萨利赫：《图坦卡蒙墓的圣书体铭文》，格里菲斯研究所，牛津，1989 年，第 67 页）。

发现

通往密封墓门的台阶，于1922年11月4日被英国考古学家霍华德·卡特（1874—1939）雇用的技术精湛的埃及工人再次打开。卡特接受过艺术家的培训，并在没有取得任何正式学术资格的情况下转入考古发掘。他出生在诺福克（郡），其父是一名插画家、动物画家，在一个由上层阶级所主导的社会中追求

图3　英国绅士、考古学家霍华德·卡特画像，由他的兄弟威廉·卡特绘制于1924年。这幅画像曾悬挂于卡特在伦敦的公寓内，现由格里菲斯研究所收藏
卡特 MSS viii.2

事业，对他来说很不容易，后来，他又获得了难以相处、顽固和“无法忍受”[1]的名声。1899年，埃及古物局局长、法国人加斯东·马斯伯乐（1846—1916）任命卡特为上埃及“首席文物检察员”，卡特成为担任该职位的第一人。但1909年之后，卡特便在英国贵族卡那封勋爵五世（1866—1923）的资助下，开始了独立工作。正如卡特后来自己所说，这座陵墓恰巧是在卡那封对缺乏重大发现而耐心即将耗尽之时才被发现的。

图坦卡蒙墓被称为“有史以来最伟大的发现”[2]，出土文物在轰动一时的巡回展览上被誉为惊人的“宝藏”。虽然该陵墓规模很小，而且是被匆忙地改为国王所用的，但是里面的工艺品琳琅满目，展现了帝国时代宫廷艺术的高雅风尚（图4），它也是古埃及唯一一座（大体上）完整保存下来的王陵。现代人对陵墓进行的清理和记录是极具偶然性的过程，由许多偶然因素形成，如同古代人的存放一样。这座陵墓的清理花了整整十年的时间，充满了各种个人和政治上的紧张局势和争论。后来公布的官方描述显然具有偏袒性，卡特和卡那封第一次进入陵墓时考察的范围，比卡特后来自己所承认的要大得多。19世纪晚期由法国人执掌的埃及古物局制定了一项旧殖民法规，允许外国发掘者保留一部分发掘物品。他们本来是想在这项法规的支持下保留一些“发现物”。从1914年埃及沦为英国的“保护国”，到1922年2月埃及实现独立之前，一直有反对欧洲民族主义者在埃及收集文物的声音，如E.M.福斯特（1879—1970）[3]。旧的殖民体系明显是守不住的。一座未曾遭受破坏的陵墓太珍贵了，不能被分割和出口，新独立的埃及政府明确规定了所有的文物都必须留在埃及。然而，卡特和卡那封还是拿走了部分小型文物。它们一直作为卡特的私人财物，直到他死后才被谨慎地送还给了埃及。陵墓的发现与清理的实际情况远比官方的记载要混乱和复杂得多，每日记载的档案讲述了一个不再是“仅仅关注黄金的编年史”[4]，大概更能透露内情，揭示真相。这份档案可使我们更加全面地了解这个发掘团队及其工作。

图4　哈罗德·帕金森（1918—1995）根据档案照片绘制的墓穴透视图，1978年
H.帕金森MSS 1

1　哈利·伯顿，引自T.G.H.詹姆斯：《霍华德·卡特：通往图坦卡蒙之路》，修订本，平装版，伦敦，2001年，第277页。

2　卡那封勋爵写给艾伦·加德纳的信，1922年11月28日：加德纳MSS，剪报集，1.39.1第9期，格里菲斯研究所档案。

3　E.M.福斯特，“这些文物”，雅典娜神庙，第4697期，1920年5月7日，第599—600页。“为了博物馆”作为E.M.福斯特的《阿宾格收获集》重印本，E.阿诺德，伦敦，1936年，第280—286页。

4　田纳西·威廉斯：《巫山风雨夜》，第3幕，《朱门巧妇》《牛奶列车不在此停》《巫山风雨夜》，伦敦，1976年，第324页。

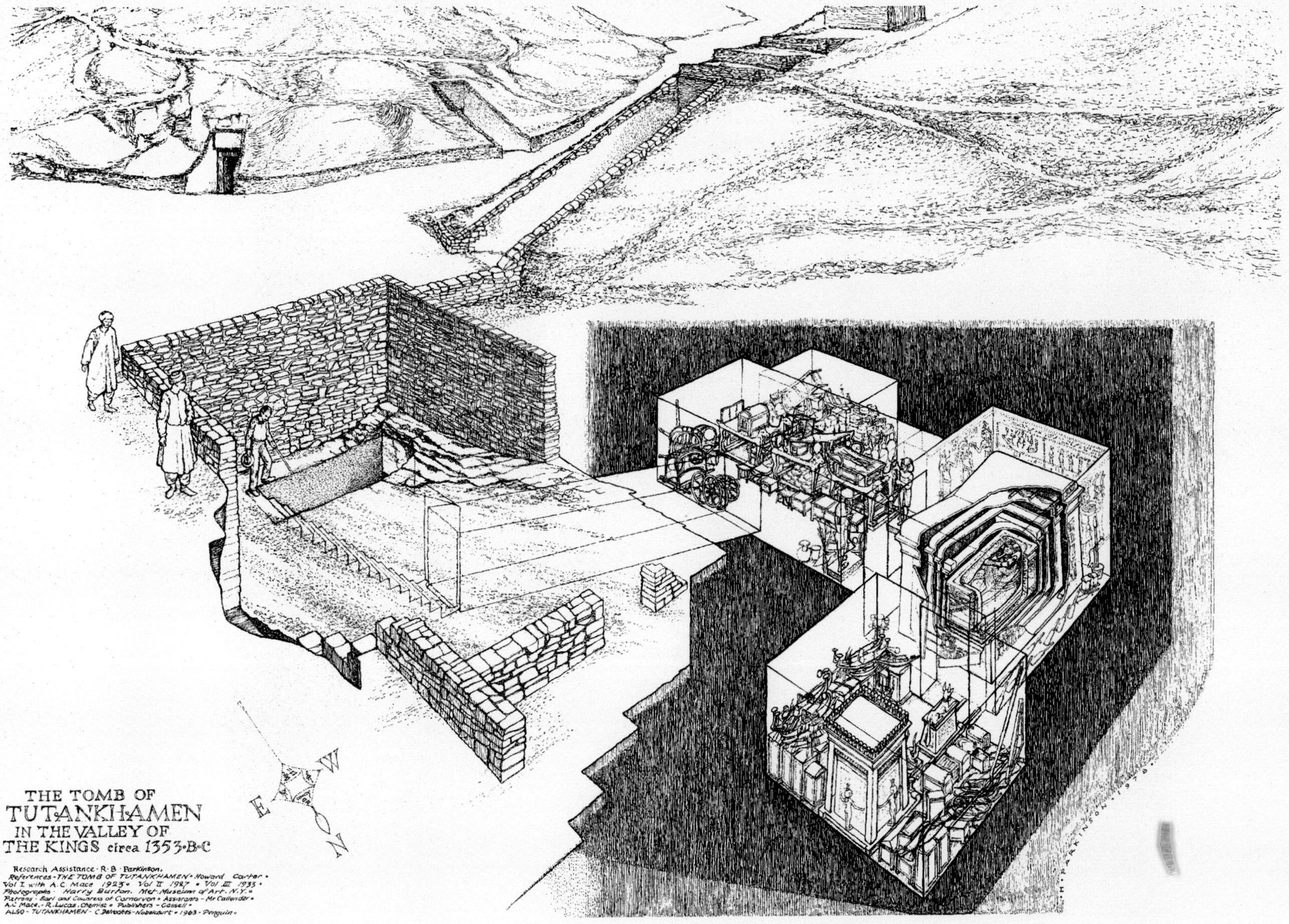
THE TOMB OF
TUTANKHAMEN
IN THE VALLEY OF
THE KINGS circa 1353·B·C
Research Assistance · R·B · Parkinson.
References - THE TOMB OF TUTANKHAMEN · Howard Carter ·
Vol I with A.C Mace 1923 · Vol II 1927 · Vol III 1933 ·
Photographs · Harry Burton. Met. Museum of Art. N.Y. ·
Patrons - Earl and Countess of Carnarvon · Assistants - Mr Callender ·
A.C Mace. - R. Lucas. Chemist · Publishers - Cassell ·
ALSO - TUTANKHAMEN - C Desroches-Noblecourt · 1963 · Penguin ·
E
W
N

记录古墓

这一重大发现使其变成了一个“巨大的紧急事件”[1]，一支国际队伍迅速组建起来，并得到了纽约大都会艺术博物馆的帮助（他们在卢克索有自己的考古队），当然，他们也期望从中获益。这个松散团队的成员既有专业人员，也有私人联络的，包括大都会艺术博物馆馆长助理阿瑟·梅斯（1874–1928），负责保存材料的埃及古物局的化学家阿尔弗雷德·卢卡斯（1867–1945），工程师阿瑟·卡伦德（1875–1936），以及一位来自大都会艺术博物馆埃及考察队的摄影师哈利·伯顿（1879—1940）。除了开罗政府医学院前院长萨利赫·贝·哈姆迪医生（1957年去世）是埃及人，其他要么是美国人，要么是欧洲人。哈姆迪医生后来与来自同一学校的解剖学教授道格拉斯·德里（1874–1961），曾经一起对国王的木乃伊进行了尸检。欧洲的大萧条使人们将这次发现，当作通俗小说中那种耸人听闻的冒险向全世界报道，充满了异国情调和黄金般的魅力（图5），但这并不是简单的英雄人物的冒险，尽管包括卡特在内的许多人都是这样描述的。这个项目的参与者还包括一些女性，如哈利·伯顿的夫人明妮（1875–1957）等。最重要的是，埃及人在这次发现中起到了非常重要的作用，包括工头艾哈迈德·格里加，以及他的同事加德·哈桑、侯赛因·阿布·阿瓦德和侯赛因·艾哈迈德·赛义德（生卒日期不详）。[2]卡特在他的出版物中，提及这些参与发掘的埃及人并对他们致以谢意，但是除此以外，埃及人很少在记录中被提及，他们的作用在官方的记载中被边缘化了，所幸可以在档案的照片中找到他们（图6）。

图5　一张香烟盒卡片，展示了1922年11月进入陵墓的情景，卡片写着“图坦卡蒙墓：首次勘察”的字样。根据阿梅迪·福雷斯蒂尔（1854—1930）为《伦敦新闻画报》创作的插图绘制，1923年12月22日
TAA iii.25.1.26.

1　阿尔伯特·M. 莱斯格写给爱德华·罗宾逊的信，1922年12月20日，引自詹姆斯：《霍华德·卡特：通往图坦卡蒙之路》，第270页。

2　参见霍华德·卡特：《图坦卡蒙墓：已故勋爵卡那封和霍华德·卡特的发现》，3卷本，伦敦，1923—1933年，第1卷，第xv–xvi页，第2卷，第xxiv页。

图6　1923年2月《泰晤士报》照片，展示卡特与团队里的埃及成员一起将一张祭祀床部件搬出陵墓。照片中正在拍摄照片（右下角）的人可能是卡那封勋爵，那里有一个带有衬垫的容器，将被运往文物修复工作室
TAA ii.19.70.4

清理陵墓是十分漫长而艰难的过程，因为文物的数量庞大、种类繁多，而且有些文物十分脆弱。这些文物不仅包括黄金和宝石，还有彩绘木材、布料、香油、动物和人类遗骸、面包、水果，甚至花卉。这些复杂的物质组合表达了对逝去之人的悲痛之情。哈利·伯顿拍摄了一些“有史以来最著名和最引人注目的考古图像”[1]，记录这些发现。在清理的过程中，他首先拍摄陵墓的某个区域，然后将编号卡放在每一件物品旁进行拍摄。单个物品及物品组按照1号至620号的顺序编号，然后再进行细分，共有超过5300件单项。一旦将一件物品从发现地移出，它们就会被记录在索引卡上，并附上其尺寸和图画信息，然后再次拍照记录和保存。虽然受到沙漠地形的限制，他们还是尽可能做得系统和科学。伯顿将附近的一座陵墓改造成了工作室，冲洗玻璃底片。据估计，他在这种艰难的条件下拍摄了超过3000张照片。不可避免的是，照片记录并不如预期的那样全面，在考古清理过程中这些物品被移出陵墓，与其原来所处的环境相分离，但是考古档案却记录并保存了这些在清理过程（不可避免）丢失的信息。

在图坦卡蒙墓发现后不久，1923年1月9日，卡那封签署了一项协议，授予英国《泰晤士报》独家报道权，希望从中再次获利。因此，伯顿所拍摄的图片中有许多是为出版和宣传精心设计的，其中还包括团队工作中不太正式的照片（图7）。这份具有争议的协议疏远了许多人，其中最重要的是埃及媒体，有人控诉卡那封在“榨取”这一发现并将其视为个人的“商业资产”[2]。当卡那封突发疾病，并于1923年4月5日去世后，一家敌对的媒体沉迷于报道他被“法老的诅咒”所击倒的耸人听闻的故事。然而对于埃及人来说，图坦卡蒙正在变成“民族独立的标志”[3]。埃及的埃及学家塞利姆·哈桑（1886—1961）参观陵墓后，写下了这样的宣言：“埃及人民第一次宣告，这些珍贵的文物应该留在埃及博物馆。”[4]在清理图坦卡蒙墓的过程中，相关的法律和政策也发生了变化，由于埃及政府的努力，位于开罗解放广场的埃及博物馆成为这些文物的永久归宿，直到位于吉萨的大埃及博物馆新馆落成。

1 克里斯蒂娜·里格斯：《拍摄图坦卡蒙：考古、古埃及与档案》，伦敦，2019年，第3页。
2 《每日快报》，1923年2月10日，珀西·纽伯里的剪报集，NEWB1/12.17，格里菲斯研究所档案。
3 艾略特·科拉：《矛盾的文物：埃及学、埃及热与埃及现代性》，杜克大学出版社，2007年，第206页。
4 《金字塔报》，1923年1月31日，第1页（赫巴塔拉·伊布拉希译）。

图7　哈利·伯顿拍摄的一张（显然是）非正式照片（略显模糊），照片中的卡特坐在墓室入口处工作。摄于1924年2月10日到12日之间。卡特的后面是镀金棺椁的嵌板
伯顿 P0636

牛津档案馆

对整个陵墓进行研究并出版一套完备的学术著作，对卡特来说是一个无法完成的重任。他于1933年完成了一套面向大众的三卷本，但原本规划的学术六卷本在他1939年去世前没有取得太大的进展，那年他65岁。这次发现并非由埃及当局组织，而是依靠他们授予卡那封勋爵及其继承人的特许权进行的。卡特作为卡那封的代理人，负责记录和出版工作，因此也拥有该团队成果的所有权。[1]卡特在遗嘱中将他大多数的财产都赠予他最喜欢的外甥女菲利斯·沃克（1897–1977）（图8）。1931年菲利斯在卢克索陪伴了卡特一个发掘季。在发掘队中的埃及学家艾伦·H.加汀纳（1879–1963）和珀西·E.纽伯里（1869–1949）的建议下，菲利斯将卡特的财产，包括存放在他伦敦公寓里的考古记录，捐赠给了牛津大学

图 8　菲利斯·沃克家庭照片中的童年形象，摄于1903 年前后
卡特 MSS viii.3

1　参见里格斯：《拍摄图坦卡蒙》，第 48–53 页。

的埃及学研究中心格里菲斯研究所，“以此纪念卡特及其工作成果”。[1]由于战争临近，这些文献中一大部分在1939年8月26日被送到牛津大学保护了起来，远离了战火纷飞的伦敦。1946年年初，卡特收藏的一组伯顿拍摄的底片和影印图像也从伦敦的仓库中转运至此。第二组图片（虽然不是完全的复制品）早些时候被送到大都会艺术博物馆，作为伯顿为卡特工作的回报。

牛津大学收藏的图坦卡蒙档案包括48张地图和平面图，7个卡片索引抽屉，里面装着超过3500张物品卡和相关影印图片，大约1200个原始玻璃底片和600多张幻灯片，以及几套底片和照片的复制品。另外还有卡特的个人日记与考古日志、计划出版的笔记和图纸、阿尔弗雷德·卢卡斯的文物保护日志和笔记、国王尸体的打开与检测记录，还有卡特的“自传叙略”和他在其他遗址发掘的早期文件。20世纪50年代初，格里菲斯研究所和大都会艺术博物馆互换了伯顿的照片，填补了彼此的空白。格里菲斯研究所继续收集新的相关材料，从而扩大和丰富了原有的藏品。这些藏品存放于格里菲斯研究所的埃及学档案中，部分保留了卡特的最初安排。

虽然档案实体仍保留在牛津，但它们已实现了数字化，与全世界共享。从20世纪90年代起，当时的档案管理员、埃及学家亚罗米尔·马利克就将数字档案发表在网站“图坦卡蒙：挖掘档案”（www.griffith.ox.ac.uk/discoveringTut）上，这是一个丰富且可访问的研究资源（图9），供学者们随时对墓葬及其发现重新评估。例如，卡特第一次进入陵墓时所说的名言，在1923年的出版物中被记录为“奇妙的东西”，但在他的发掘日志里写的是“这真是太奇妙了”。这表明考古史上的这句至理名言的语义是后来被加工处理过的。[2]最重要的是，这些档案可供人们随时查阅，从而有助于协助管理、保护、出版和展览开罗的文物。

故事及反响

围绕图坦卡蒙墓的发现，很快就产生了很多故事，比如所谓的刻在古老石棺上的“法老的诅咒”导致了卡那封的死亡，还有卡特自己的轶事，传说墓室

1 菲利斯·沃克写给艾伦·加德纳的信，1945年5月10日：卡特MSS，TAA档案馆收录的信件，1945年文件。

2 参见伊琳诺·道布森：《书写斯芬克斯：文学、文化和埃及学》，爱丁堡维多利亚文化的批评性研究，爱丁堡大学出版社，2020年，第21—23页。

入口的台阶最初是由一位年轻的埃及挑水工发现的。[1]此类对事件的重塑是别具用心的个人和机构合谋的结果，埃及学史作为一个整体被深嵌其中，不可避免地被殖民主义影响了。档案本身难免对诸多事件带有片面看法，是由串通一气的人和权力体系所建构的。在20世纪20年代，埃及在萨德·扎格鲁尔（1859－1927）的领导下发生了变化，法老时代的历史可以帮助埃及人塑造一种新的民族认同感。但是卡特档案中，埃及人的作用有限，埃及声音缺失，这鲜明地揭示了社会和学术界权力不平等的现象。伯顿的照片在展览中经常被用于怀念考古学黄金时代，不加鉴别地力捧旧殖民主义。图坦卡蒙"宝藏"的大众吸引力，无意中增加了东方主义和殖民主义的遗留问题：这个后果也许是陵墓中出现的真正的"诅咒"。在20世纪20年代兴起"图坦卡蒙热"后的几十年里，多项政府拨款使图坦卡蒙被商业化，被用来构建合法化的民族历史和成立相关学科，也让大众对图坦卡蒙所处的古代世界产生了误解和刻板印象。然而，记录本身需要被不断地重新审问，它激励人们对现代和古代历史进行批判性再评估。这是由殖民主义的语境和个人局限性造成的。伯顿是杰出的摄影师，而卡特是极其喜爱古代艺术的优秀绘图员。他们记录的这些文物成为文化标志，不仅刺激了商业化，还激发了新的艺术创作（图10－11），使图坦卡蒙墓和其中的文物成为世界遗产不可或缺的组成部分。

没有什么可以替代在开罗看到这些文物实体，但是档案记录还原了这些文物被发现的原始情况，号召人们了解它们在陵墓中的存放、清理与保护过程。因此我们在本书中选择了表现墓葬复杂性、清理艰难性的档案。人们可能熟悉其中一部分文物，但不知道它们当时所处的环境和处理方式，例如雕像包裹在布里，和其他举世闻名的文物一起堆在杂物上。相信这些档案能传递出发现文物时，人们的心灵颤动：1922年11月4日，卡特日记中的潦草字迹（第5份）表达了发现这些台阶时的兴奋之情。而他数百页整齐的日常工作记录与此形成鲜明对比。外棺脚部被削短的图片纠正了一个古代的错误（第27份），给我们一种"接触真实"和古老生活经验的直观感受。这种对棺材的改动，让我们意识到这是一种熟悉的经验，同时也是完全不同的"他者"。通过这种方式，档案促进了我们对现代发掘团队和古代的官员、工匠师和工人的理解。总之，在国王的葬礼结束千年之后，在这些档案和文物发掘一百年之后，它们仍能有力地吸引观众，挑战

1　克里斯蒂娜·里格斯，"挑水工和一厢情愿的想法"，《拍摄图坦卡蒙》［博客］，2020年，https://photographing-tutankhamun.com/2020/06/20/the-water-boy-who-wasnt（2021年6月7日浏览）。

图9　当墓室隔断墙被拆除时，墙上的壁画不可避免地遭到了破坏。这是壁画的数字彩色修复图。依据伯顿拍摄照片P0589修复，位于卢克索的卡特游客中心的部分仿制品之一。事实基金会2011年

我们重构过去的想象力。萨利赫·贝·哈姆迪医生的朋友、著名埃及诗人艾哈迈德·邵基（1870—1932），在描写这些文物时留下了这样的文字：

> 图像向你表现运动，虽然它原本静止。
> 沉默的清澈穿越感官，宛如清晰的演讲。
> 绘画伴随时间永恒，从古至今。
> 绘画崭新如初、生机勃勃，尽管经历漫漫时间之考验，
> 绘画欺骗人们的眼睛，继续挑战触摸它的人。[1]

图 10　纽约大都会歌剧院上演的菲利普·格拉斯的歌剧《埃赫那吞》，用现代主义风格表现了想象中加冕时的图坦卡蒙。克里斯蒂安·J. 康纳饰演这位少年法老。凯伦·阿尔蒙德，大都会歌剧院，2019 年

图 11　由墓中女神雕像激发灵感创作的现代埃及艺术（卡特第 266 号）：卢克索艺术家阿拉·阿瓦德（1981—）所绘的《塞尔凯特 2019》

1　引自科拉：《矛盾的文物》，第 217 页。

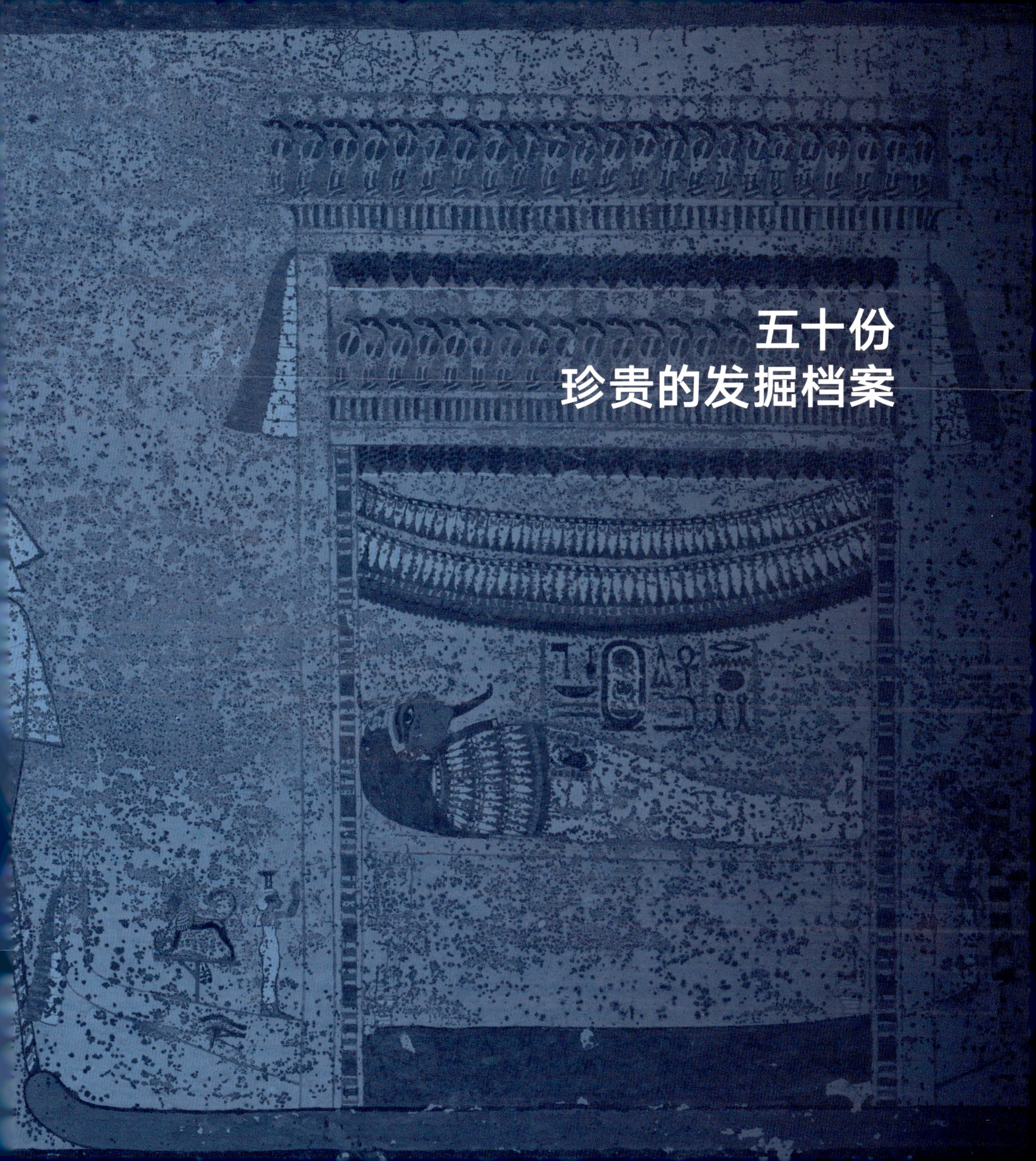

五十份
珍贵的发掘档案

I　少年在埃及

霍华德·卡特在哈克尼议员阿默斯特男爵（1835—1909）的推荐下，成为总部位于伦敦的埃及勘探基金会（现为学会）的助理绘图员。1891年，他第一次来到埃及，时年17岁，几个星期后，他来到阿玛尔那与考古学家威廉·马修·弗林德斯·皮特里（1853—1942）一同工作。皮特里有时会将英国年轻人纳入他的发掘团队并用自己的方式训练他们。右边这篇日记写于1892年1月，皮特里给他的母亲写道："卡特先生是一位性情温和的小伙子，他的兴趣全在绘画和博物学上……将他培养为发掘者对我来说毫无用处。"

卡特先生来到这里安顿下来，并建造了一座房子，还像我一样用木板和高粱茎秆做屋顶。他是泰森·阿默斯特男爵的助理，他对阿玛尔那表现出极大的兴趣并希望在这里工作……听到这个消息后我提出让一名工人为他发掘，前提是我掌控发掘工作、负责展览和出版发现成果。因此我扩大了地面工程量和信息量而无须承担任何责任和费用……卡特先生是一位性情温和的小伙子，他的兴趣全在绘画和博物学上；他将这次发掘当作现场参观和为阿默斯特先生工作，将他培养为发掘者对我来说毫无用处。

这周的主要任务是翻开一些护身符作坊的遗迹……

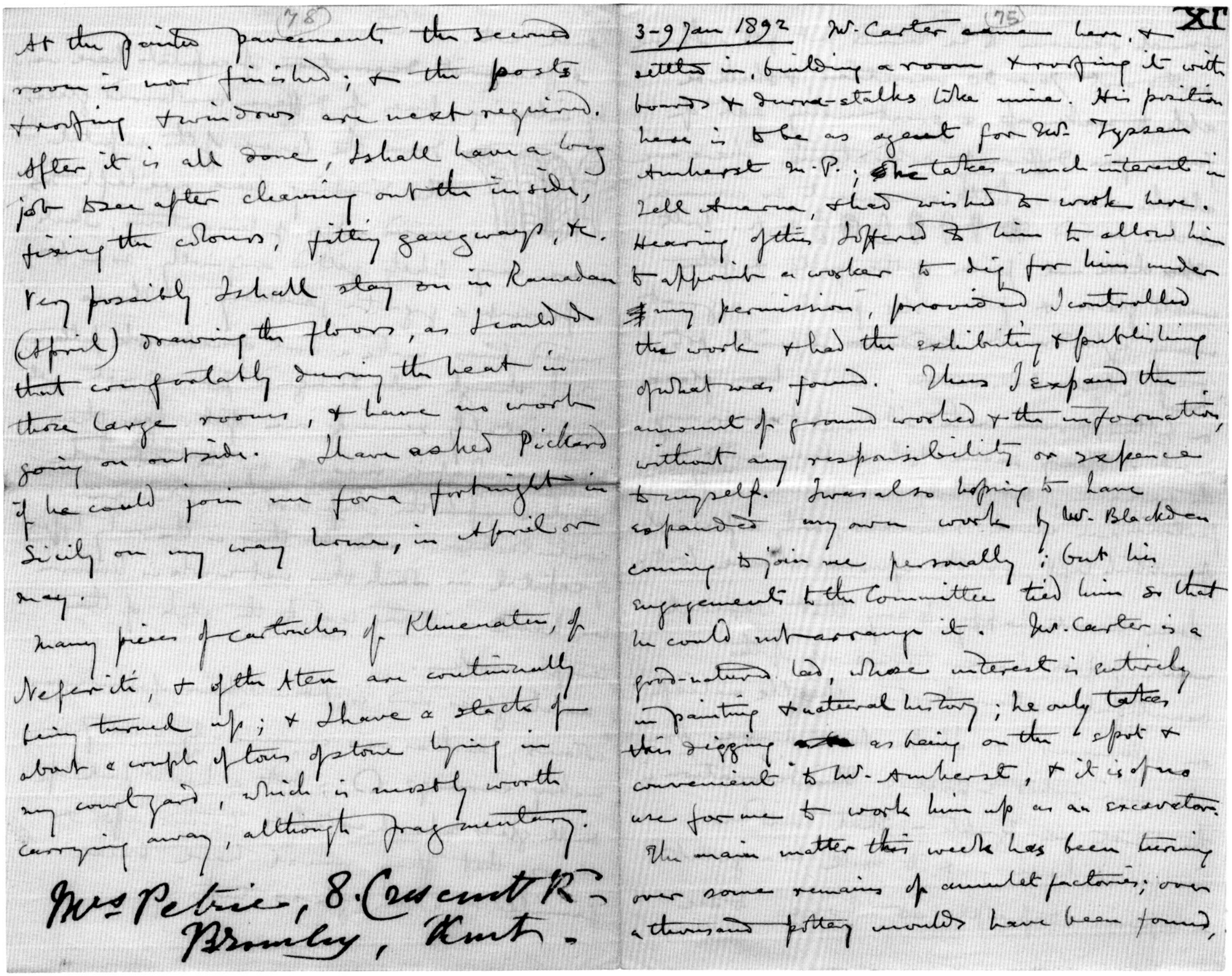
(78)

At the painted pavement the second room is now finished; & the posts & roofing & windows are next required. After it is all done, I shall have a long job to see after clearing out the inside, fixing the colours, fitting gangways, &c. Very possibly I shall stay on in Ramadan (April) drawing the floors, as I could do that comfortably during the heat in those large rooms, & have no work going on outside. I have asked Pickard if he could join me for a fortnight in Sicily on my way home, in April or May.

Many pieces of cartouches of Khuenaten, of Nefertiti, & of the Aten are continually being turned up; & I have a stack of about a couple of tons of stone lying in my courtyard, which is mostly worth carrying away, although fragmentary.

Mrs Petrie, 8 Crescent Rd.
Bromley, Kent.

(75) XI

3-9 Jan 1892 Mr Carter came here, & settled in, building a room & roofing it with boards & durra-stalks like mine. His position here is to be as agent for Mr Tyssen Amherst M.P.; he takes much interest in Tell Amarna, & had wished to work here. Hearing of this I offered to him to allow him to appoint a worker to dig for him under my permission, provided I controlled the work & had the exhibiting & publishing of what was found. Thus I expand the amount of ground worked & the information, without any responsibility or expence to myself. I was also hoping to have expanded my own work by Mr Blackden coming to join me personally; but his engagement to the Committee tied him so that he could not arrange it. Mr Carter is a good-natured lad, whose interest is entirely in painting & natural history; he only takes this digging as being on the spot & convenient to Mr Amherst, & it is of no use for me to work him up as an excavator.

The main matter this week has been turning over some remains of amulet factories; over a thousand pottery moulds have been found,

1891 年至 1892 年的皮特里日记（阿玛尔那）

纸本水墨，17.9 厘米 ×22.6 厘米

弗林德斯·皮特里，1892 年 1 月 3 日至 9 日

皮特里 MSS 1.11.78, 75

2 年轻的艺术家

卡特的绘画天赋是他在埃及成功的保证。他出生于艺术家庭，后来他回忆说："我从父亲那里继承了与生俱来的绘画能力，他是颇负盛名的动物画家，也是我所认识的最强的绘图员之一。"19世纪90年代中期，卡特为埃及勘探基金会临摹了卢克索的哈特谢普苏特神庙的壁画，有时还是彩绘。这幅"3/4画幅"的多柱厅彩绘浮雕复制品描绘了一只猎鹰，展现了卡特对古埃及艺术的深刻了解以及对野生动物的浓厚兴趣。他详细描绘了墙上的石块及其表面的损坏情况，并加入了自己华丽的签名。

荷鲁斯猎鹰，巴哈利哈特谢普苏特神庙，阿努比斯礼拜堂大厅

纸本水彩画，63.9 厘米 ×97.7 厘米
霍华德·卡特，1895 年
格里菲斯研究所，水彩画与素描 204

Howard Carter. —1895—
from Hypostyle Hall. —3/4 Full Size
(15)

3 “C.勋爵”

这张照片展现了卡那封勋爵作为悠闲自在的业余贵族考古学家，在卡特位于卢克索西岸的房子里看书休息。也许他待在那里是为了离帝王谷更近。与档案里的许多物品一样，这张照片没有注明日期。虽然这个玻璃底片的尺寸和哈利·伯顿通常所使用的不同（见第15份），但是从它的风格和构图来看，这是在1922年至1923年的第一个发掘季拍摄的。事后看来，这个闲适宁静的姿势是不祥的预兆，卡那封的健康状况很差，他于1923年4月5日死于蚊虫叮咬引起的败血症。

乔治·爱德华·斯坦霍普·莫利纽克斯·赫伯特，第五代卡那封勋爵

玻璃底片，12 厘米 × 16.3 厘米

可能由哈利·伯顿拍摄，大概摄于 1923 年年初

伯顿 KV93

4 1917—1922年考古地图

这幅地图描绘了卡那封在卢克索帝王谷东部的考古特许范围。在1917年到1922年的挖掘工作中，卡特描绘并更新了该地图。他在一张细线网格图上，标出了已知的王室陵墓及其他特征，并用黄笔指出地标。他有条不紊地沿着帝王谷向下发掘直到基岩，并在发掘过程中不断对地图进行更新。他后来声称，当卡那封对继续资助发掘工作的承诺发生动摇时，1922年他用这幅地图争取了一个发掘季，以清理最后的区域（下中枢）。显然，这张地图在1922年11月1日发掘季开始后就再也没有更新过了。

帝王谷的地图

油墨、铅笔和水彩画，65.9厘米 ×99.6厘米

霍华德·卡特，1917年到1922年

MSS i.G.51

详见下页

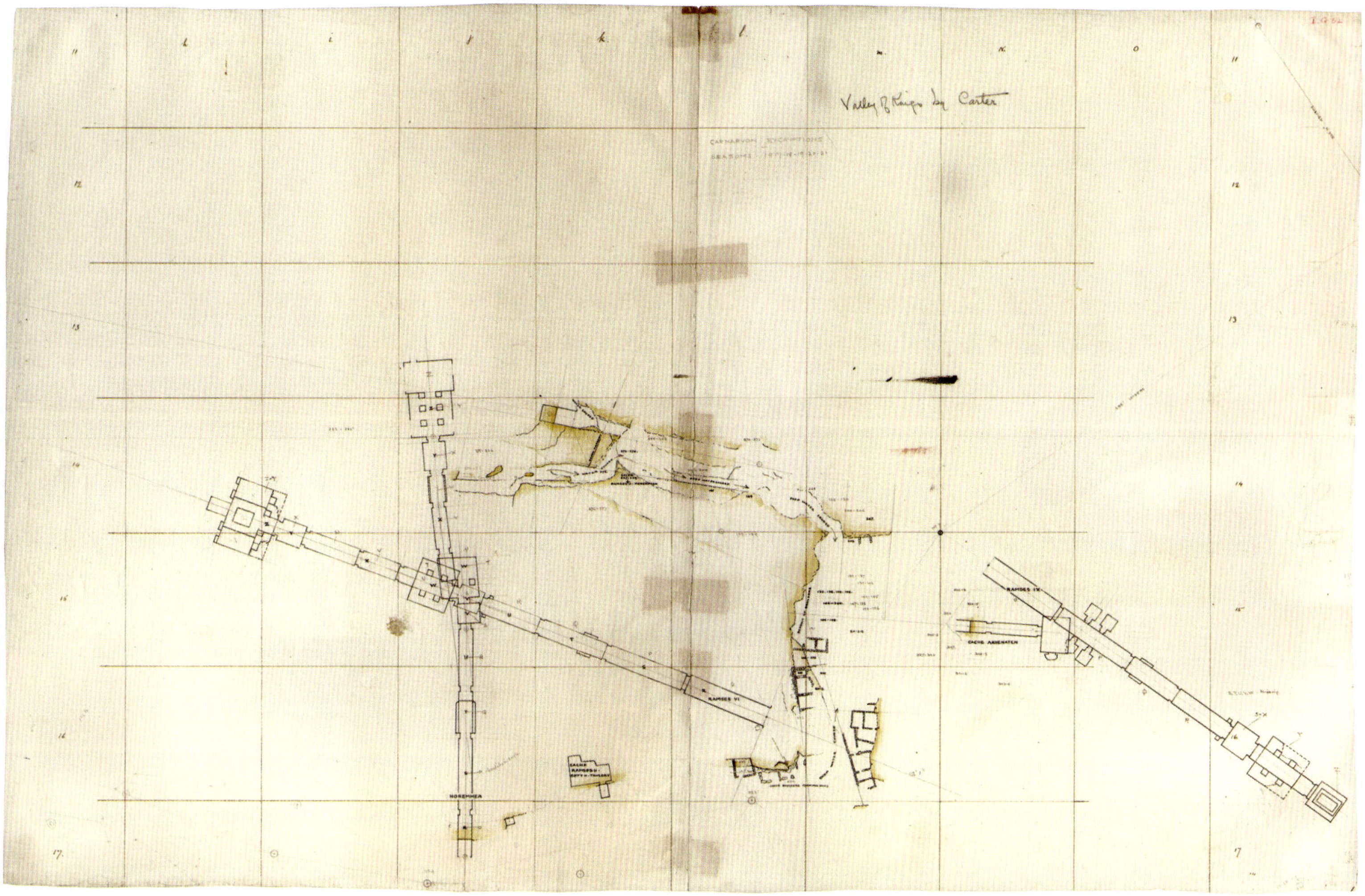

卡特和卡那封在麦伦普塔墓（KV 8）附近的挖掘工作

装裱在卡片上的照片，9.4 厘米 ×14 厘米

霍华德·卡特或卡那封勋爵，1917 年 12 月 6 日（照片上的日期由卡特标注）

卡特 MSS i.J.319f

在拉美西斯四世陵墓（KV 2）和拉美西斯二世陵墓（KV 7）之间发掘的工人们

照片，11.7 厘米 ×15.7 厘米

霍华德·卡特或卡那封勋爵，1921 年 1 月 17 日（照片上的日期由卡特标注）

卡特 MSS i.J.335

古代工人的工棚，建在图坦卡蒙墓顶部入口

玻璃底片，12 厘米 ×16.3 厘米

霍华德·卡特，拍摄日期不详，可能是 1921—1922 年

伯顿 KV 52

帝王谷东部部分地区，于发现图坦卡蒙陵墓前，中间是拉美西斯六世陵墓（KV 9）的入口

明信片，8.7 厘米 × 13.9 厘米

加迪斯和塞义夫，卢克索，可能摄于 1910 年前后

卡特 MSS i.J.319

5 “找到了”

卡特用一本口袋大小的“莱茨本”记录他每年在埃及工作的8个月，这本“印度和殖民地简略日记”记录了他的行程、午餐工作会、与官员和同事的会面以及发掘工作，各项条目简洁明了。1922年11月1日，他和发掘团队开始了在帝王谷的工作。3天后他用铅笔在纸上草草写下了一行字，“发现陵墓的第一步”，生动表达了他的兴奋之情。第二天他冷静下来后写道：“在拉美西斯六世陵墓下方发现了一座陵墓。经过调查，发现其封存完好。”这表明该王陵的入口未曾遭受破坏。

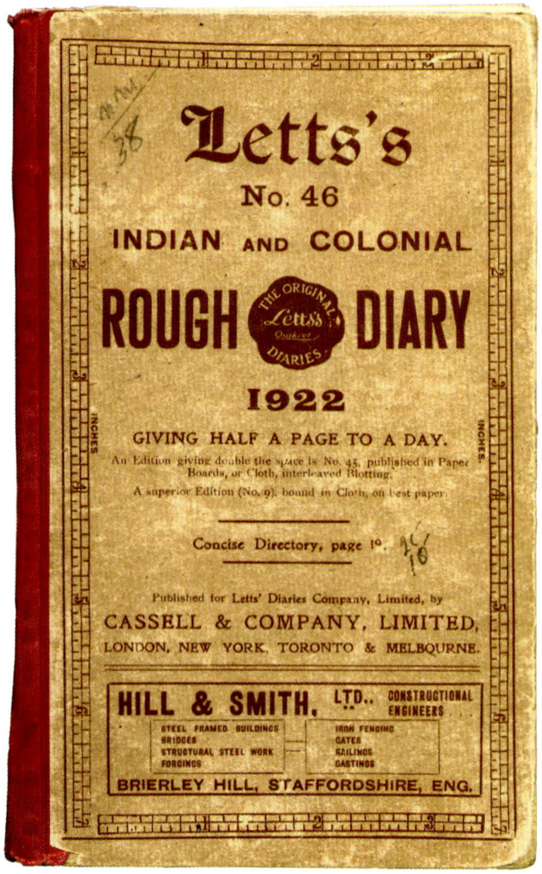

1922年简略日记，莱茨本

纸张、木板和布料，铅笔和墨水

19.7厘米 ×2厘米 ×1.7厘米（合上）

霍华德·卡特，1922年11月4日

TAA Archive i.2.21.175-176

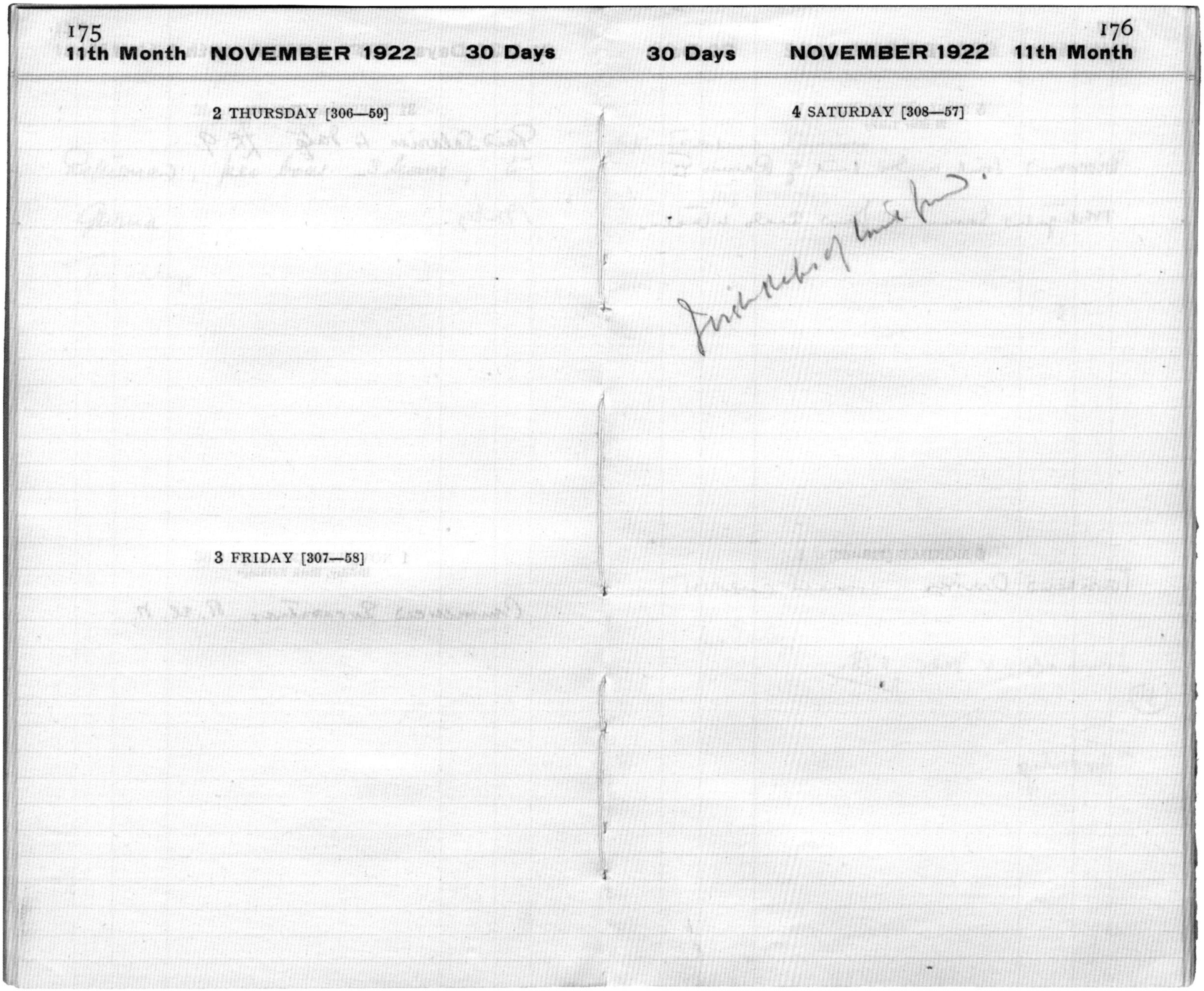

175
11th Month NOVEMBER 1922 30 Days

2 THURSDAY [306—59]

3 FRIDAY [307—58]

176
30 Days NOVEMBER 1922 11th Month

4 SATURDAY [308—57]

First steps of tomb found.

6 第一步

这是图坦卡蒙墓最早的照片。除了顶端的一级，入口处所有的岩凿台阶上都覆盖着石灰岩碎片。1922年11月5日卡特清理了这些台阶，但是随后又重新盖上碎石，等待卡那封从英格兰来卢克索见证这一发现。这张照片显示了卡特回填的碎石和新建的护土墙。这是在卡那封到达后，11月23日，在团队再次清理这些台阶前拍摄的。卡特和卡那封很快意识到他们摄影能力有限，12月初，他们向大都会艺术博物馆卢克索考察队的摄影师哈利·伯顿寻求帮助。

图坦卡蒙墓（KV 62）入口；台阶宽度 160 厘米
玻璃底片，10.7 厘米 × 8.2 厘米
霍华德·卡特或卡那封勋爵，可能摄于 1922 年 11 月 23 日
伯顿 P0001

7 “这真是太奇妙了”

卡特不仅写日记，还坚持写发掘日志。11月26日下午4点左右，在埃及工人卡伦德、卡那封和他的女儿伊芙琳·赫伯特的陪同下，卡特在墓穴内门上打了一个洞，第一次看到了里面的情况。这篇发掘日志用一种生动却不自然的语言记录了这一“伟大时刻”。然而，他在后来的出版物中却描述道：“当卡那封勋爵焦急地询问：‘你能看到什么吗？’我只能说出：‘是的，奇妙的东西。’”但参考他其他的日记，“这真是太奇妙了”可能更像他说的话。

墓穴溢出的热气使烛光忽明忽暗。当大家的眼睛适应了这微弱的光芒后，人们才看清墓室内部，奇特而绝妙的物品相互堆叠在一起。对于在场还看不清的人来说这是自然而短暂的悬念（原文如此）。卡那封勋爵焦急地询问：“你能看到什么吗？”我只能说出：“是的，奇妙的东西。”于是，我小心翼翼地把洞扩大，让我们俩都能看清楚。在手电筒和另外一支蜡烛的照耀下，我们向里看去。当光照向那堆绝妙的珍品时，那种奇妙的感觉难以形容：两个奇怪的穿着金色凉鞋（原文如此）的黑木色国王雕像，手持着权杖和长矛，在黑暗的笼罩下若隐若现……普通或稀有材料制作的各种形状的凳子；最后是一堆翻倒的战车部件，闪烁着金色的光芒，从中探出一个假人来。它给人的第一印象是一个消失的文明的歌剧院道具室。我们不知所措，感到很奇怪。我们相互质疑这一切的意义。这是一间墓室又或者仅仅是一间贮藏室？

对页图：1922年11月26日发掘日志
水墨方格纸，33.1厘米 × 21.7厘米
霍华德·卡特，1922年11月26日之后的某个时间
TAA Archive i.2.1.35

下图：卡特在卢克索家中的写字台
银器和玻璃，5.2厘米 × 21.8厘米 × 14厘米（最大）
伦敦的亨利和亚瑟·万德，1912年
卡特 MSS viii.1

(Nov. 26 continued)

It was sometime before one could see, the hot air escaping caused the candle to flicker, but as soon as ones eyes became accustomed to the glimmer of light the interior of the chamber gradually loomed before one, with its strange and wonderful medley of extraordinary and beautiful objects heaped upon one another. There was naturally short suspence for those present who could not see, when Lord Carnarvon said to me 'Can you see anything'. I replied to him Yes, it is wonderful. I then with precaution made the hole sufficiently large for both of us to see. With the light of an electric torch as well as an additional candle we looked in. Our sensations and astonishment are difficult to describe as the better light revealed to us the marvellous collection of treasures: two strange ebony-black effigies of a King, gold sandalled, bearing staff and mace, loomed out from the cloak of darkness; gilded couches in strange forms, lion-headed, Hathor-headed, and beast infernal; exquisitely painted, inlaid, and ornamental caskets; flowers; alabaster vases, some beautifully executed of lotus and papyrus device; strange black shrines with a gilded monster [Snake] appearing from within; quite ordinary looking white chests; finely carved chairs; a golden inlaid throne; a heap of large curious white oviform boxes; beneath our very eyes, on the threshold, a lovely lotiform wishing-cup in translucent alabaster; stools of all shapes and design, of both common and rare material; and, lastly a confusion of overturned parts of chariots glinting with gold, peering from amongst which was a mannikin — ~~the furniture~~ of a vanished civilization. The first ~~was~~ impression of which suggested the property-room of an Opera-~~house~~. Our sensations were bewildering and full of strange emotion. We questioned one another as to the meaning of it all. Was it a tomb or merely a cache? A sealed doorway between the two sentinel statues proved there was more beyond, and with the numerous cartouches bearing the name of Tut-ankh-Amen on most of the objects before us, there was little doubt that there behind was the grave of that Pharoah.

We closed the hole, locked the wooden-grill which had been placed upon the first doorway, we mounted our donkeys and return home contemplating what we had seen.

Advised the Chief Inspector of the Antiquity Department, who was with us at the commencement of the opening of the first doorway, and asked him to come as soon as possible, preferably the following afternoon to enable us to prepare an electrical installation for careful inspection of this extraordinary and pleasing discovery.

8 墓室一瞥

这张照片是伯顿拍摄的，展示了11月26日卡特第一次看向墓室时所看到的情景。但它是在装好电灯，12月18日伯顿开始工作后的一段时间才拍摄的。尽管如此，这张著名的照片重现了卡特在发掘日志中提到的景象：“奇形怪状的镀金长榻——狮子头、（爱神）哈托尔头和邪恶的野兽、精美的图画、嵌饰物，以及精致小匣。”（见第7份）在祭祀床的周围，凳子（见第42份）和储物箱堆积如山，还有装着肉块的“一大堆奇怪的白色卵形匣”。

前厅西侧的物品图；祭祀床（卡特第73号）的高度为188厘米（最大）

玻璃底片，17.9厘米×23.9厘米

哈利·伯顿，摄于1922年12月18日后不久

伯顿 P0009

9 “有史以来最伟大的发现”

这张纸的两面都潦草地写着卡那封对这次发现的生动描述。1922年11月28日，就在墓穴正式打开前，他写信给埃及学家艾伦·加德纳，讲述了他们所见到的情景。他书写快捷，几乎语无伦次，表达了第一次见到这些“绝妙”物品（见第7份、第8份）时的震惊。卡那封即刻意识到这个发现意义重大，即使他还没有意识到它对于所有人的影响：要保护和清理这个“拥挤的墓穴”，需要的不仅仅是“几周的工作”。

最私密的

我亲爱的加德纳，

我昨天给我妻子写信，让她给你带个口信。

这次发现非同寻常。它是一个贮藏室，在一定程度上还被劫掠过，但是古人并没有彻底破坏它。在遭受小规模的劫掠后，（古代）守墓人再次将它封闭。到目前为止它存有图坦卡蒙的棺木和所有可能出现的物品。有一个盒子里面装着一些莎草纸（实际上是几卷亚麻布），王座是你能见到的装饰最精美的椅子，两个真人大小的涂有沥青的国王雕像，迄今为止鲜为人知的各种宗教标志。国王的服饰虽腐烂却华丽。由于古人不断的搬动和打开，所有的东西都难以整理（我估计要花2000英镑来保存和包装）……

还有一间被砖块封住的房间我们没有打开，里面可能装有木乃伊……

这里的东西足以填满大英博物馆楼上的埃及展区。我认为这是有史以来最重大的发现。明天墓穴将被正式打开，在离开前我们去窥视一下密封的墓室。希望我可以尽快回来。卡特的面前还有数周的工作等着他。我派了20名到30名警卫和看守者保护。

你的C.

卡那封勋爵写给艾伦·加德纳的信

水墨字迹纸本，25.2 厘米 × 20.1 厘米（纸页）

11.2 厘米 × 14.5 厘米（信封）

卡那封勋爵，1922 年 11 月 28 日（未注明日期）

加德纳 MSS，简报集，1.39.1（双面）

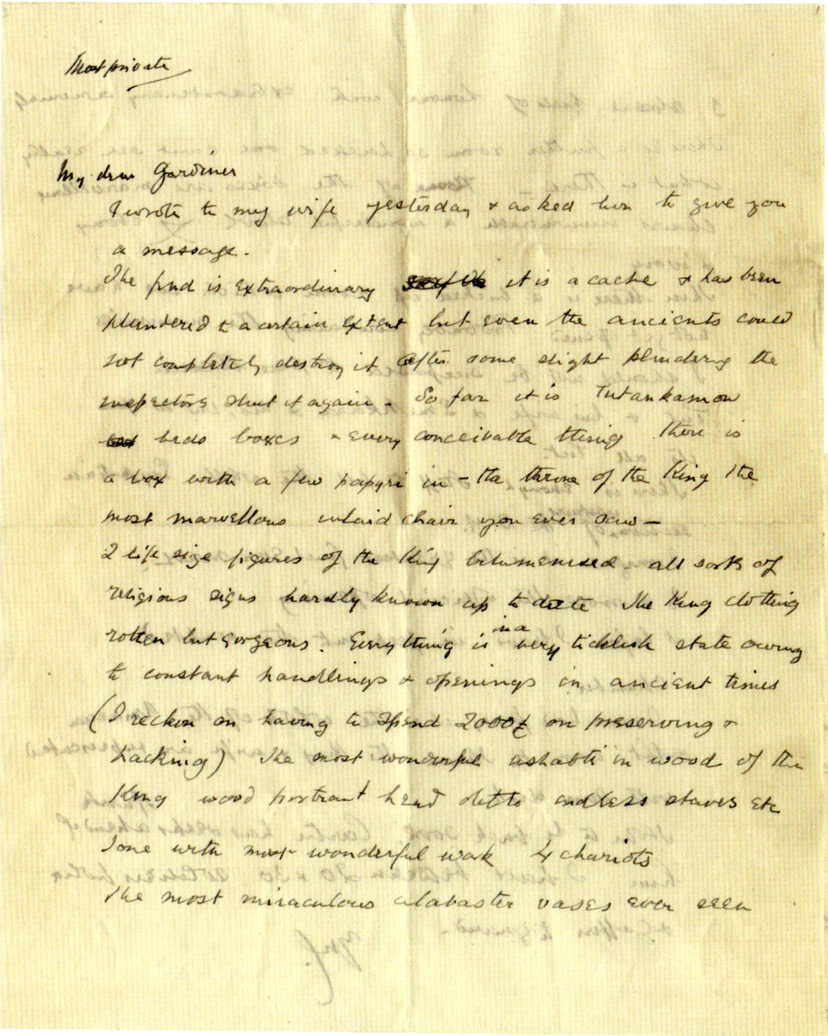

Most private

My dear Gardiner

I wrote to my wife yesterday & asked her to give you a message.

The find is extraordinary it is a cache & has been plundered to a certain extent but even the ancients could not completely destroy it. After some slight plundering the inspectors shut it again. So far it is Tutankamon beds boxes & every conceivable thing. There is a box with a few papyri in — the throne of the King the most marvellous inlaid chair you ever saw —

2 life size figures of the King bitumenised all sorts of religious signs hardly known up to date. The King clothing rotten but gorgeous. Everything is in a very ticklish state owing to constant handlings & openings in ancient times (I reckon on having to spend 2000£ on preserving & packing). The most wonderful ushabti in wood of the King wood portrait head ditto endless staves etc

one with most wonderful work 4 chariots

The most miraculous alabaster vases ever seen

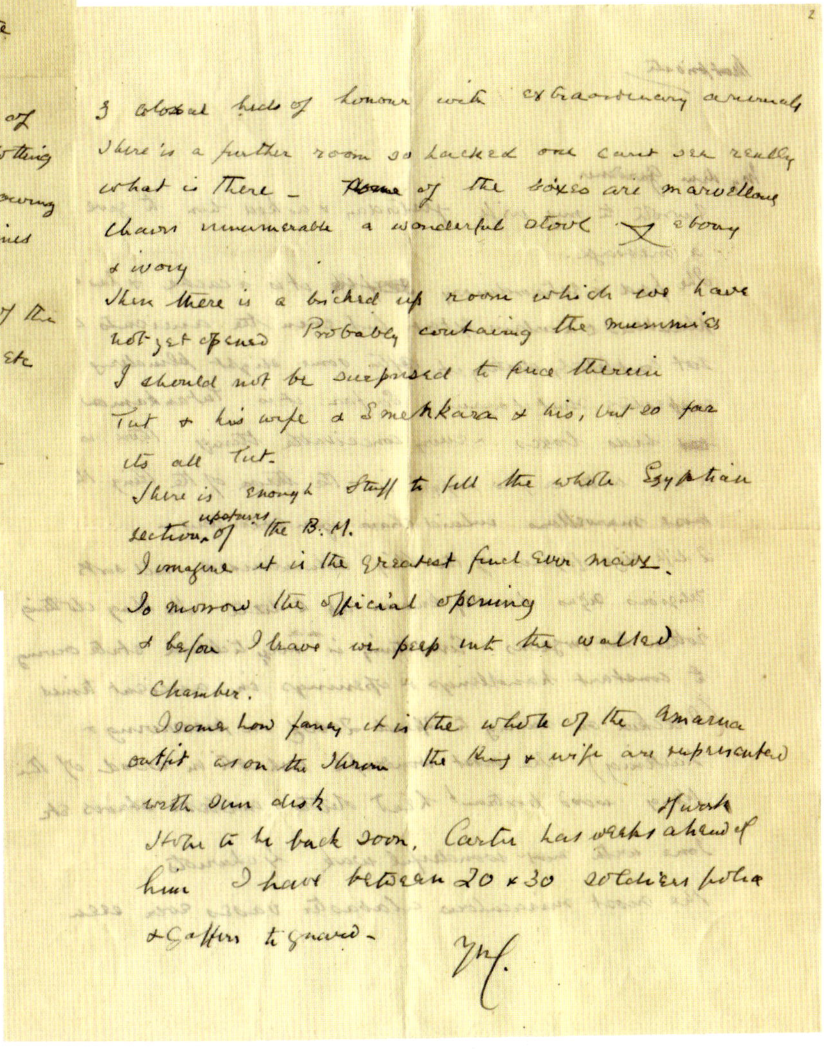

2

3 colossal beds of honour with extraordinary animals

There is a further room so packed one cannot see really what is there — some of the boxes are marvellous

Chairs innumerable a wonderful stool of ebony & ivory

Then there is a bricked up room which we have not yet opened Probably containing the mummies

I should not be surprised to find therein Tut & his wife & Smenkhkara & his, but so far its all Tut.

There is enough stuff to fill the whole Egyptian section upstairs of the B.M.

I imagine it is the greatest find ever made.

To morrow the official opening

& before I leave we peep into the walled chamber.

Its somehow funny it is the whole of the Amarna outfit as on the throne the King & wife are represented with sun disk

Hope to be back soon, Carter has weeks of work ahead of him. I have between 20 & 30 soldiers police & Gaffirs to guard.

Yrs C.

IO 勘察陵墓

这是发掘过程中制作得最详尽的墓室比例平面图。它由卡特绘制，展示了小墓的最初形态，其中包括密封的门道和封闭墓室的隔断墙。卡特试图记录每一个细节，并添加了测量结果和注释。他用淡色的铅笔写下工作笔记，其中包括注释和计算，并在图上用圆规画弧标出这些房间的位置。他标示出楼梯上的缺口，以及一条石灰岩上斜穿前厅和墓室天花板的天然裂缝。

下列文字是卡特给这些房间起的名字：

前厅，
附属建筑（贮藏室），
墓室，
最深处的宝库。

出入口和台阶上写着：

门侧移除a，
门楣移除b，
六级台阶移除c，
a、b、c后来皆用石膏固定，
为了使更大的物品通过墓室，它们被移除了。

包含注释的墓室平面图，1：40；右边向北

铅笔画，54.3厘米 ×56.3厘米
霍华德·卡特，日期是“1923年12月”（墓室正式开放前），但完工时间不早于1930年
卡特 MSS i.G.4

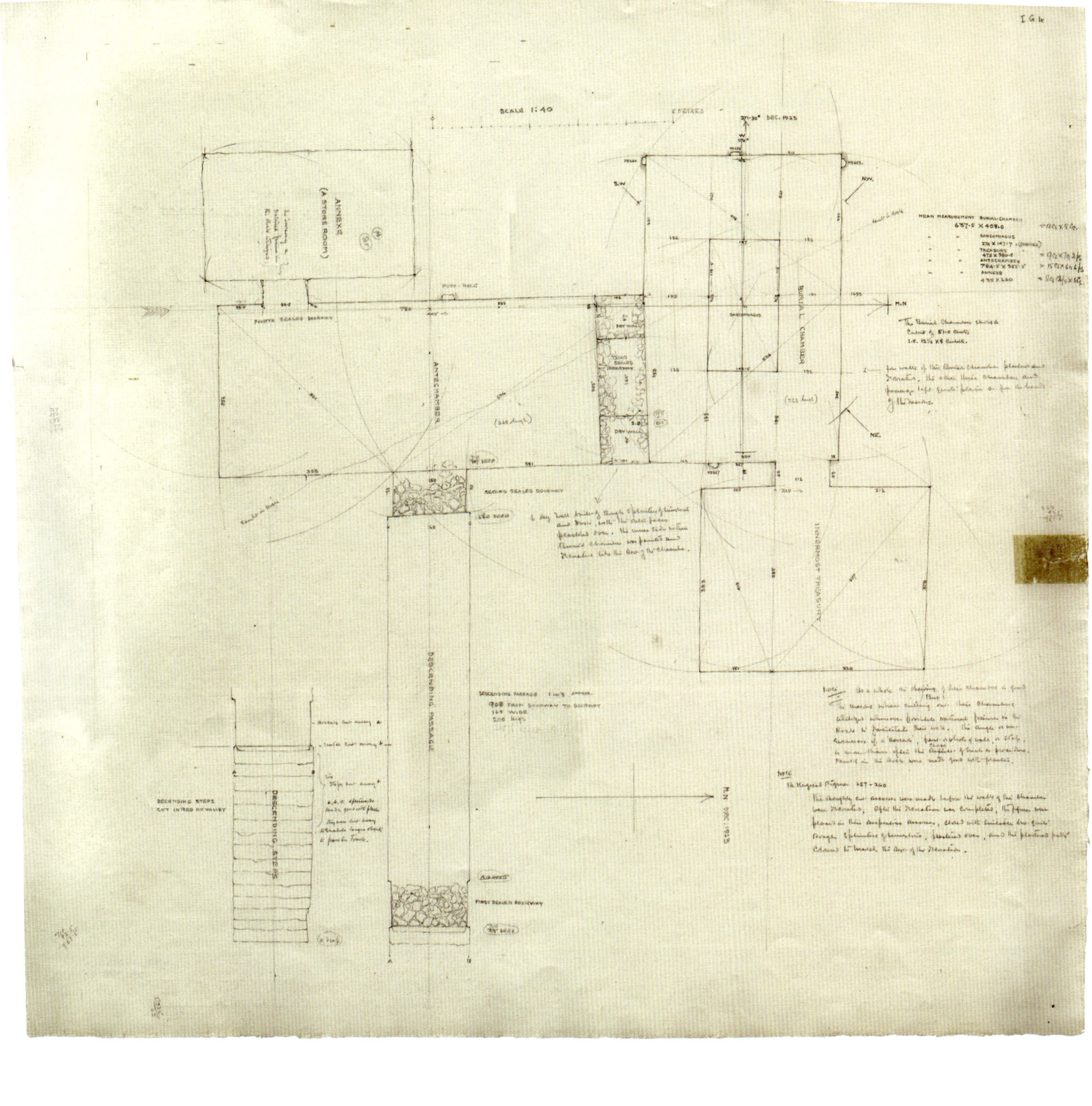
SCALE 1:40
ANNEXE
(A STORE ROOM)
ANTECHAMBER
BURIAL CHAMBER
SARCOPHAGUS
INNERMOST TREASURY
DESCENDING PASSAGE
DESCENDING STEPS
FOURTH SEALED DOORWAY
SECOND SEALED DOORWAY
FIRST SEALED DOORWAY
THIRD SEALED DOORWAY
DRY WALL
M.N
S.W.
N.W.
N.E.

II “陵墓旁的午餐”

当卡特和卡那封意识到这次发现的重大意义时，他们立刻召集了一个专家小组。这张照片显然是卡那封拍摄的，展现了一群人坐在拉美西斯十一世的岩墓中吃午餐的场景，这座墓穴位于图坦卡蒙墓附近。这些人都是用英语交流的白人男性。他们（从左到右）分别是：詹姆斯·亨利·布雷斯特德（1865—1935，负责处理封闭的门）、伯顿、卢卡斯（维护人员）、卡伦德（工程师）、梅斯（物品记录和维护）、卡特和加德纳（文书工作）。桌子头部卡那封的座位空着，后面是服侍这群人的埃及佣人，身份不明。

在拉美西斯十一世陵墓（KV 4）的午餐

根据原版制作的玻璃底片，11.9 厘米 ×16.3 厘米，由艾伦·加德纳捐赠

卡那封勋爵，可能摄于 1923 年 2 月中旬

伯顿 P1544

LUNCH NEAR THE TOMB OF TUTʿANKHAMŪN

CALLENDER MACE

12 无名小队

1923年12月初的一天，在电灯强光的照射下，伯顿拍到了三名埃及团队成员工作时的场景。这是几张照片中的一张，显示两名成年工头和一个男孩（拿着篮子移除碎石）正在小心翼翼地拆除隔断墙和打开墓室。卡特依靠的是一群技能娴熟、经验丰富的埃及人，他们与卡特一同工作了很多年，能够应对这里的所有挑战和实际困难。这些队员包括通常不被提及的儿童，档案研究纠正了这一错误，使早期发掘中埃及人的作用得到认可。

移除前厅和墓室之间的墙壁

玻璃底片，23.9 厘米 ×17.9 厘米

哈利·伯顿，可能摄于 1923 年 12 月 1 日或 2 日

伯顿 P0504

504.

13 测绘前厅

这张按比例缩小的平面图描绘了第一个房间（前厅，见第10份）地板上物品的位置。它由大都会艺术博物馆卢克索考察队的两名成员林斯利·福特·霍尔（1883—1969）和沃尔特·豪瑟（1893—1959）绘制。两人用铅笔和彩笔描绘出物品的多层次排列，用红笔突出相互交叠的部分，其中包括国王的椅子和凳子以及四驾双轮战车（左下角）拆卸的部件。一丝不苟的制图技术使观众能够清楚地分辨出不同物品，每件都用标签编号（见第14份）。

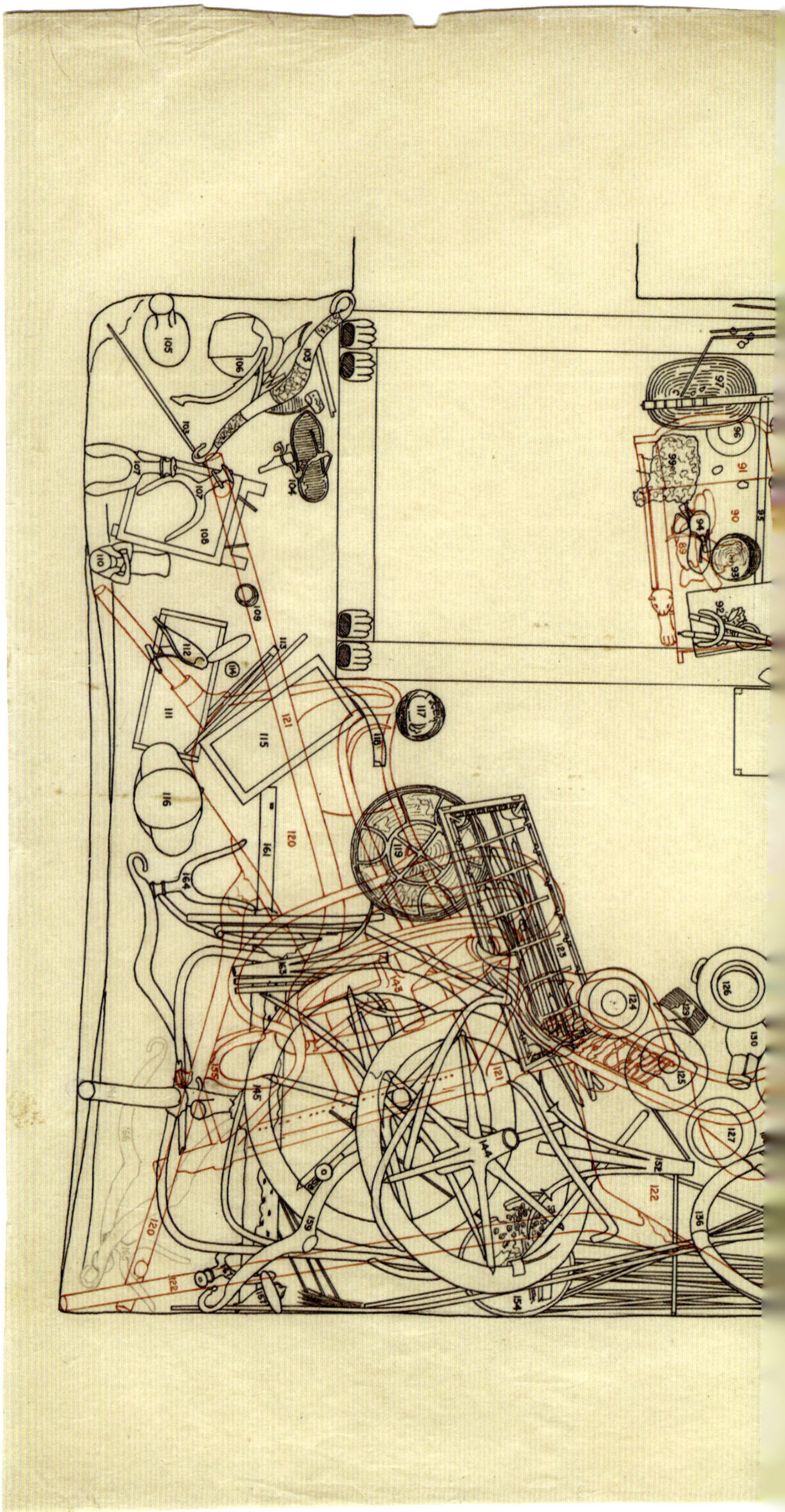

前厅的平面图，1：10，包括内部的物品，右边向北

描图纸上黑色和红色墨水以及铅笔画，52.5厘米 × 85.8厘米

林斯利·福特·霍尔和沃尔特·豪瑟，可能绘于1922年12月底到1923年4月25日之间

卡特 MSS i.G.11

Entrance

Antechamber

Drawn by Lindsle F. Hall and Walter Hauser

14 编号系统

为了对墓穴进行摄影记录，伯顿在每个区域都拍了两张照片，一张展示所有物品的位置，另一张则是在每一件物品旁附上参考编号牌（尺寸为5厘米×10厘米）。这张照片显示了前厅一角，有方解石容器（卡特第16号和20号）、精致的随葬花束（卡特第17–19号）以及一个富丽堂皇的彩绘盒（卡特第21号）。然而这张照片可能具有欺骗性：一些现代学者认为，卡特事先移动过箱子和其他物品，以掩盖他非正式勘察墓穴时在隔断墙（从左边可以看到）密封门上所开的洞。

带有编号牌的前厅东北角视图；方解石容器（卡特第16号）的高度为34.5厘米

玻璃底片，17.9厘米×23.9厘米

哈利·伯顿，摄于1922年12月18日至27日之间

伯顿 P0016

22
17
18
19
21
16
15

15 玻璃底片

伯顿的大多数照片都是用涂有银盐感光乳剂的玻璃底片拍摄的。首先在黑暗中打开这些厚重而易碎的未曝光底片，将其放置在带有滑动挡板的耐光支架上，然后装在相机的背面。为了捕捉图像，伯顿需要调整相机的焦距，插入盘托然后取下面板。曝光时间是经过仔细计算的，通常需要几秒或几分钟时间。附近的一间墓室被用作暗室，用于对底片进行化学处理。由此产生的底片十分精细，其细节超过了高分辨率的数码相片。

上图：哈利·伯顿带着他的相机，在塞提二世墓（KV 15）的文物修复工作室外工作

35毫米接触式印片，3.2厘米 × 1.9厘米
《泰晤士报》不知名摄影师，可能摄于1923年2月
TAA Archive ii.19.14.1.3

对页图：装有底片与胶卷筒

玻璃底片，前厅一景（见第39份），17.9厘米 × 23.9厘米
两个镀锡铁皮胶卷筒，附有标签“对光敏感！只能在接待者在场的情况下才能打开”
（a）25.6厘米 × 19.6厘米 × 11.3厘米
（b）25.8厘米 × 19.6厘米 × 9.1厘米
哈利·伯顿，摄于1922年12月18日至27日（底片）；20世纪20年代到30年代早期（胶卷筒）
伯顿底片 P0012
（a）TAA Archive ii.25.1
（b）TAA Archive ii.25.2

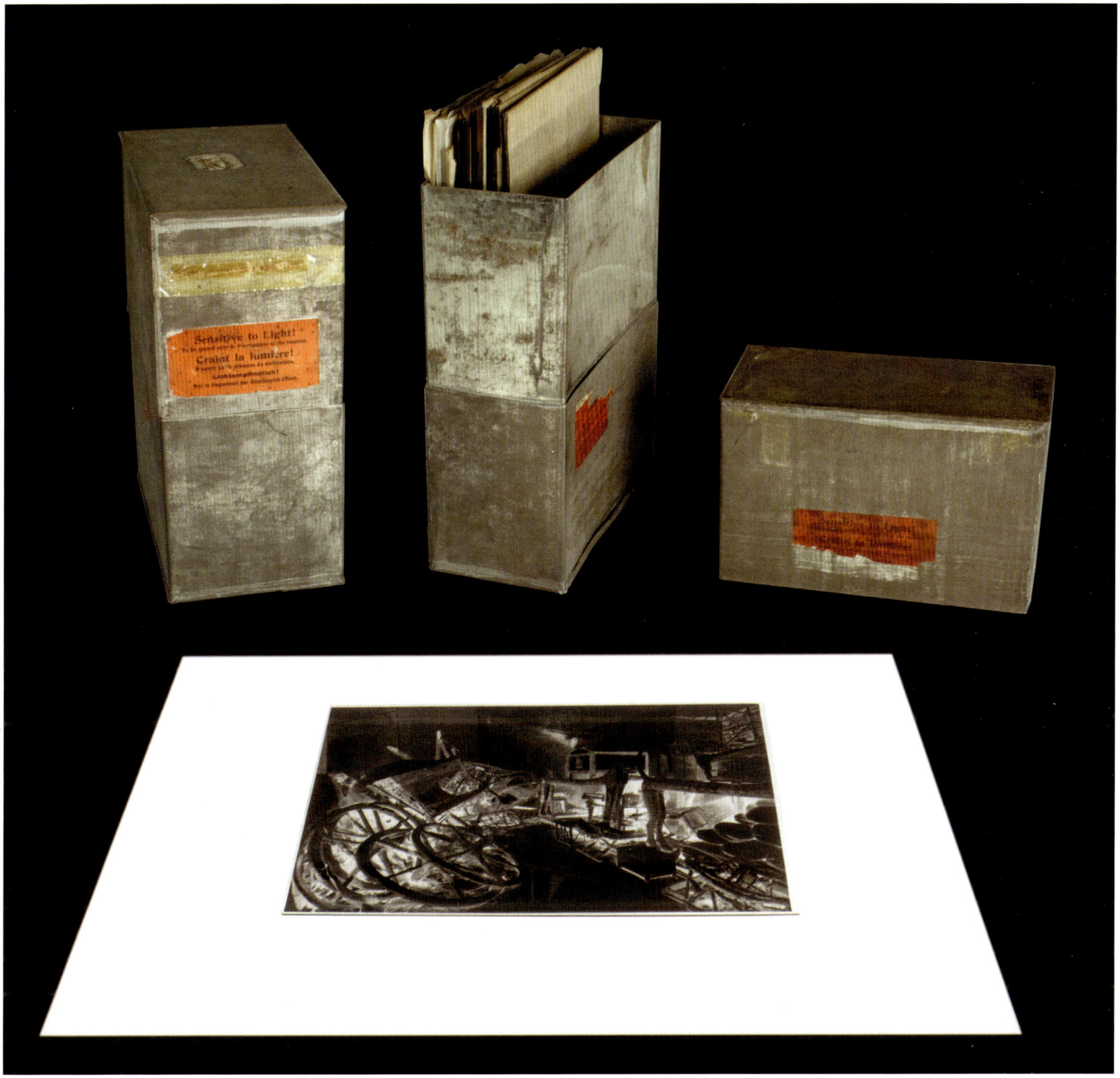
Sensitive to Light!
Craint la lumière!

16 记录一件物品

在前厅的祭祀床下面，有一个镀金王座（卡特第91号），它是在这位国王统治初期制作的，上面有经常使用的痕迹，可能用于宴会。伯顿先拍了一张带有编号牌的王座，记录位置，然后又从不同的角度拍摄了13张照片，其中包括用于运送它的古老亚麻布带。这件物品有10张登记卡，记录主要信息，由不同团队成员所写，其中包括：卡特描述该物品及其位置的卡片，他绘制注释图的方格纸和详细标记颜色、材料的照片，加德纳临摹的圣书体文字卡片和卢卡斯的文物保存笔记。

左图和下图：记录图坦卡蒙王座（卡特第91号）的登记卡；王座高度：104厘米

卡特和卢卡斯的物品卡（“修补处理中”），铅笔和墨水写在横格索引卡上，12.5厘米 x 20.5厘米

霍华德·卡特，阿尔弗雷德·卢卡斯，1923年1月至2月

卡片：TAA Archive i.1.91.1, 4

对页图：记录王座照片

玻璃底片，20.5厘米 x 12.9厘米（左图）

15.9厘米 x 11.5厘米（右图）

哈利·伯顿，1922年12月18日至27日（墓中），

1923年2月中旬至5月初

伯顿 P0032, P0154H

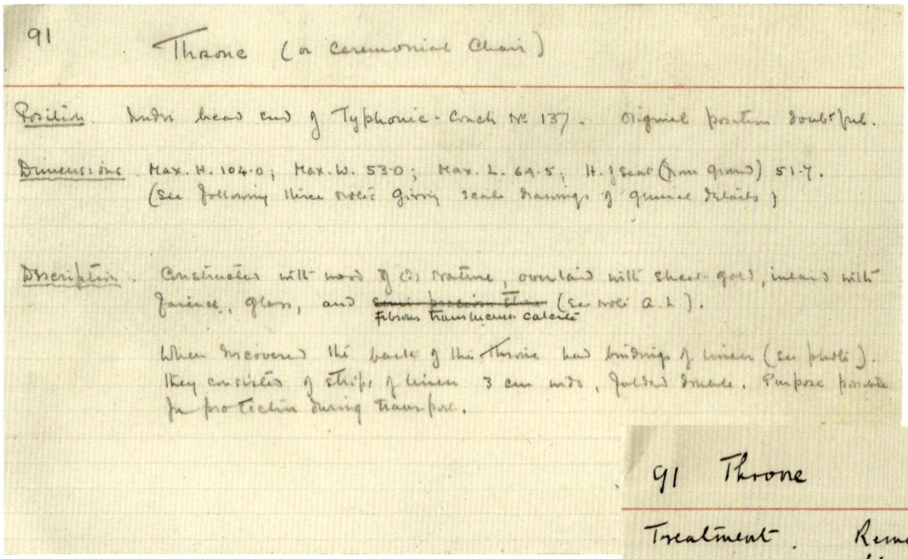

91 Throne (or Ceremonial Chair)

Position. Under head end of Typhonic-Couch No. 137. Original position doubtful.

Dimensions. Max. H. 104.0; Max. W. 53.0; Max. L. 64.5; H. of seat (from ground) 51.7.
(See following three notes giving scale drawings of general details)

Description. Constructed with wood of [illegible] framing, overlaid with sheet-gold, inlaid with faience, glass, and ~~semi-precious stones~~ fibrous translucent calcite (see note a.1).

When discovered the back of the throne had bindings of linen (see photo). They consisted of strips of linen 3 cm wide, folded double. Purpose probably for protection during transport.

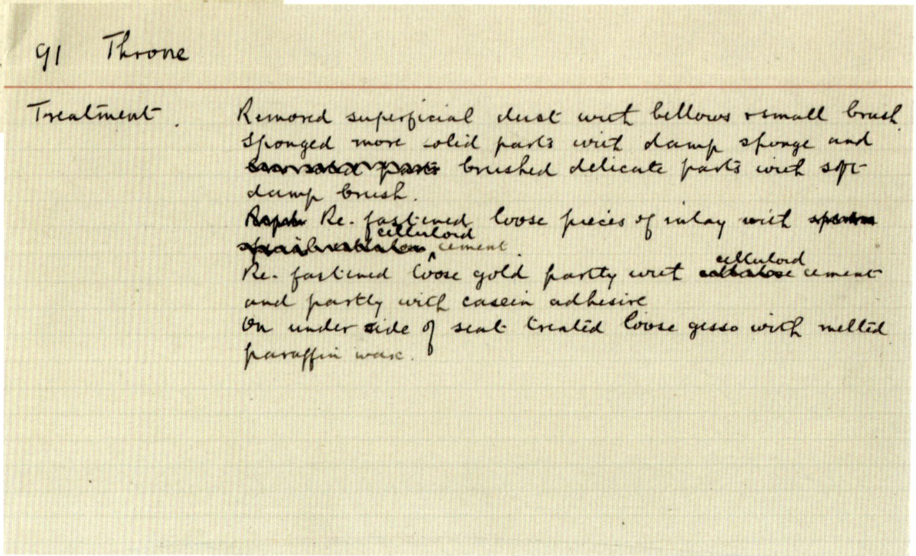

91 Throne

Treatment. Removed superficial dust with bellows & small brush
Sponged more solid parts with damp sponge and ~~[illegible]~~ brushed delicate parts with soft damp brush.
~~[illegible]~~ Re-fastened loose pieces of inlay with ~~[illegible]~~ celluloid cement
Re-fastened loose gold partly with ~~[illegible]~~ celluloid cement and partly with casein adhesive
On under side of seat treated loose gesso with melted paraffin wax.

90
91
87
92
96
95

91

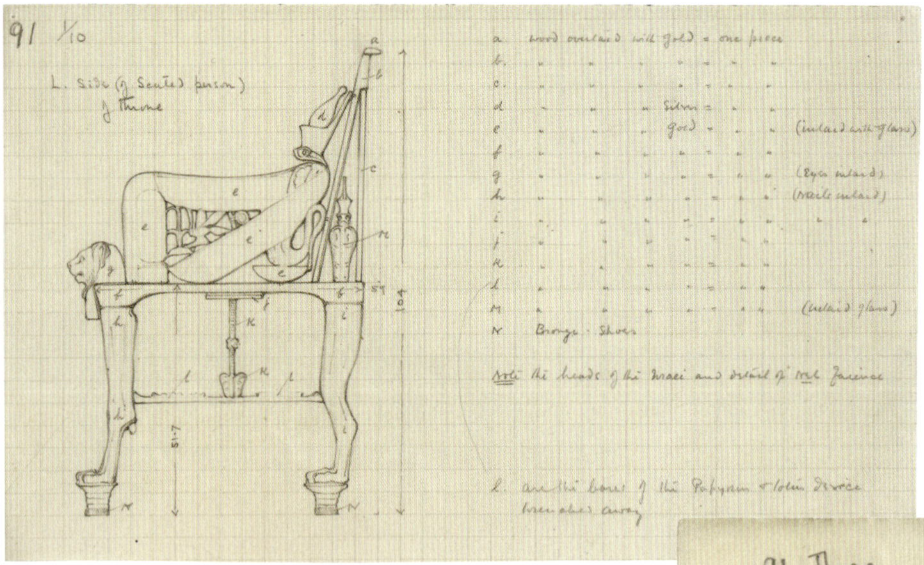

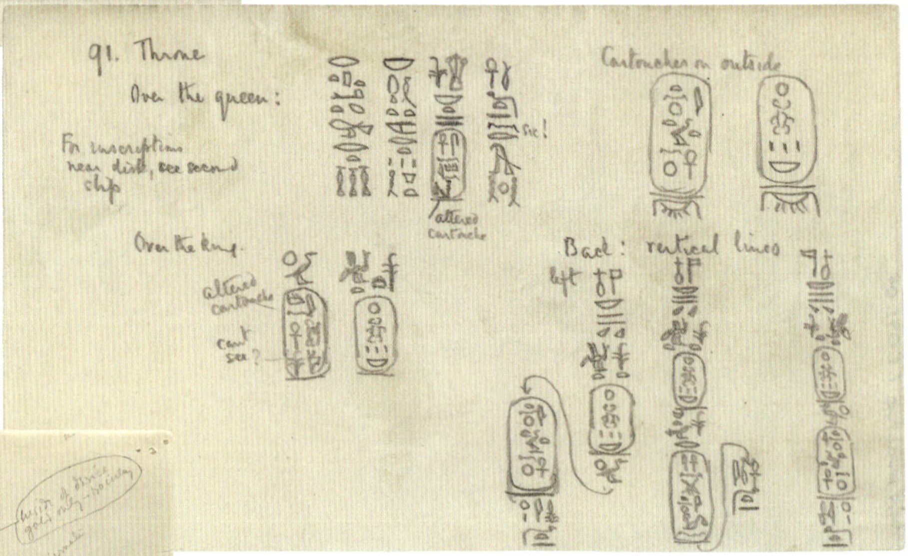

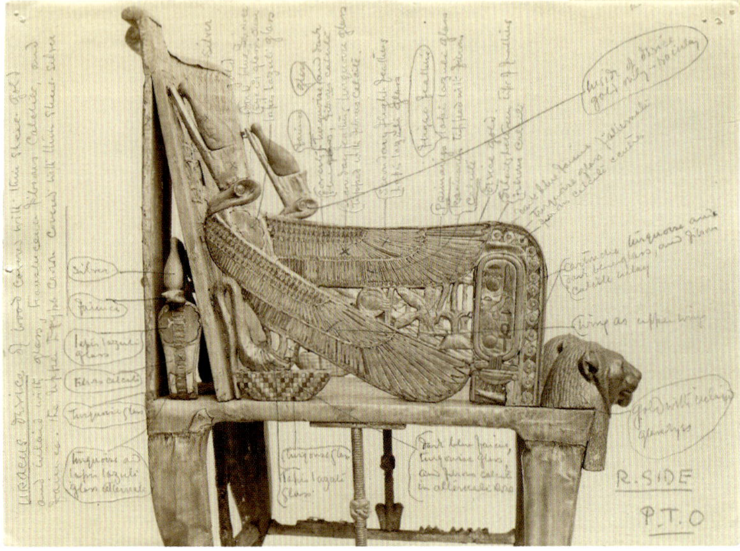

记录王座的登记卡

卡特书写的卡片，铅笔，方格纸，12.3 厘米 x 20.3 厘米

加德纳记录圣书体文字的卡片，蓝色铅笔，纸，12.5 厘米 x 20.4 厘米

卡特注释物品颜色及材料的影印版，16.4 厘米 x 12.1 厘米

霍华德·卡特和艾伦·加德纳，1923 年 1 月到 2 月

TAA Archive i.1.91.5, 8 和影印图 4

左图：记录保存下来的王座的照片

玻璃底片，17.9 厘米 x 11.9 厘米

哈利·伯顿，摄于 1923 年 2 月中旬至 5 月初

P0156

下图：约翰·罗斯（1920—2006）拍摄于埃及开罗博物馆展出的王座彩照

大幅面彩色清晰正片（照相干片），12.5 厘米 x 9.9 厘米

约翰·罗斯，20 世纪 60 年代至 90 年代

罗斯彩色正片 1

17 包裹和包装

1923年12月，在第二个发掘季开始后，团队移走了矗立在墓室入口两侧的守卫士兵般的两座国王雕像。在这个精心布置的画面上，卡特（左侧）、卡伦德（中间）和埃及团队成员（右侧）站在基本清空的前厅内，准备将部分镀金雕像运送到文物修复工作室。这座雕像已被放在一个定制的木质托盘上，两名队员正拿着包装材料。“守护雕像”正准备离开墓室，重游3000多年前的旅程。

准备运输“守护雕像”（卡特第22号）
玻璃底片，17.9厘米×23.9厘米
哈利·伯顿，摄于1923年11月29日
伯顿 P0491

22.
124.

18 清洁和保护

物品被移出墓室后，会被送到位于帝王谷塞提二世墓中的文物修复工作室，在那里进行记录、清洁与保存。这是一张摆拍照片，阿瑟·梅斯（站在桌上）和阿尔弗雷德·卢卡斯（手拿喷剂）正对着一个“守护雕像”工作，他们的外套和帽子挂在左边的架子上。他们用赛璐珞片和石蜡粘合并镀膜，以解决木材收缩和镀金表层脱落之类的问题。卡特评论说：“如果没有他们的参与，以任何合理的形式都不能将几百件物品中的十分之一运送到开罗博物馆。”

在塞提二世墓（KV 15）中处理“守护雕像”（卡特第22号）

玻璃底片，23.9厘米×17.9厘米
哈利·伯顿，摄于1924年1月6日至16日
伯顿 P0493

19 一条穿越沙漠的铁路

在每一个发掘季末，这些被保存的文物都会被装箱然后放入板条箱，由于当地少有柏油路，因此采用轻便铁路系统运输：用平板车推着在轻便轨道上前进，但轨道距离短，因此需要不断地重新组装。1923年5月中旬，当地气温普遍超过100华氏度（38摄氏度），50名埃及工人在两天内花了整整18小时将那个发掘季的34个板条箱（包括89个箱子）运送到8千米外的河边。驳船载着这些板条箱用了6天时间航行640多千米抵达开罗，埃及博物馆立即展出了部分文物。

用轻便铁路系统从帝王谷运输板条箱

玻璃底片，8.2 厘米 × 10.3 厘米

霍华德·卡特，摄于 1923 年 5 月 14 日至 15 日

伯顿 KV16

20 打开墓室

1923年2月16日下午早些时候，约有20名埃及高管、古物局官员和发掘团队成员受邀前来，他们在前厅里紧张地注视着，“就像是一个舞台场景”。卡特和梅斯用两个小时打开了密封的墓门（标签为卡特第28号）。两侧的“守护雕像”仍然矗立着但是被木板条保护了起来。在这里，卡那封正在从开口处向墓室里面察看，卡特（右边）停下了手中的工作。当开口足够大时，卡特做了初步检查，然后，他带领观众两人一组观察墓室，“每个人都举起了双手屏住了呼吸”。

艾伦·加德纳在寄往英格兰写给他妻子海德薇的家信中描述了这段经历：

终于轮到我进入这间新打开的墓室了，挤进去还有些困难……卡特强行打开了灵柩台（外棺椁）那扇厚重的大门，我们只能向里面窥视。里面还有一座同样的金色棺椁，只是小了一点！内部的棺椁被密封着，完好无损……在大棺椁和里面的小棺椁之间的狭小空间里，我们刚好可以看到奇妙的东西。最可爱的是雪花石膏，其中一个上面雕刻着一只美丽的猫，另一个雕刻着迷人的尼罗河神……右边的角落里放着一些大大小小的办公法杖，上面都镀了金。

卡特打开密封的墓室门

玻璃底片，23.9 厘米 ×17.9 厘米

哈利·伯顿，摄于1923年2月16日

伯顿 P0289

28

21 墓墙之外

卡特在墓室被全部勘察完毕后绘制了这张等比例平面图，它是根据早期的工作计划描绘出的最终版本。图中紧密包裹主棺的是四个镀金木质圣椁，一个嵌套在一个之中，几乎占满整个空间（见第62—63页）。图中记录了外椁周围和各个内椁之间各类物品及其位置（所有物品都标有编号）。圣椁中央是国王矩形石棺，没有盖板，可以看到里面镀金的外棺顶部（见第27份）。这张详细的平面图展示了卡特对文物现场精准的勘察以及精湛的艺术技巧。

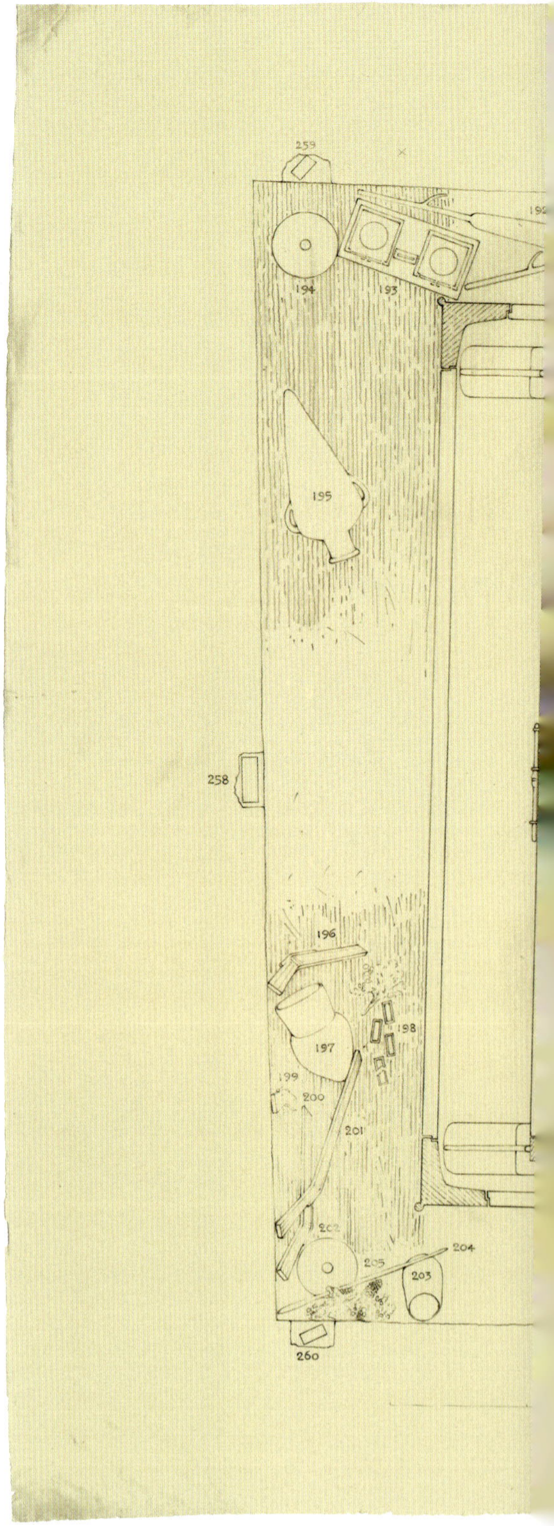

墓室平面图，1：10，顶部向北

描图纸上的铅笔画，55.6 厘米 × 81.2 厘米

霍华德·卡特，完成时间不早于 1930 年

卡特 MSS i.G.31

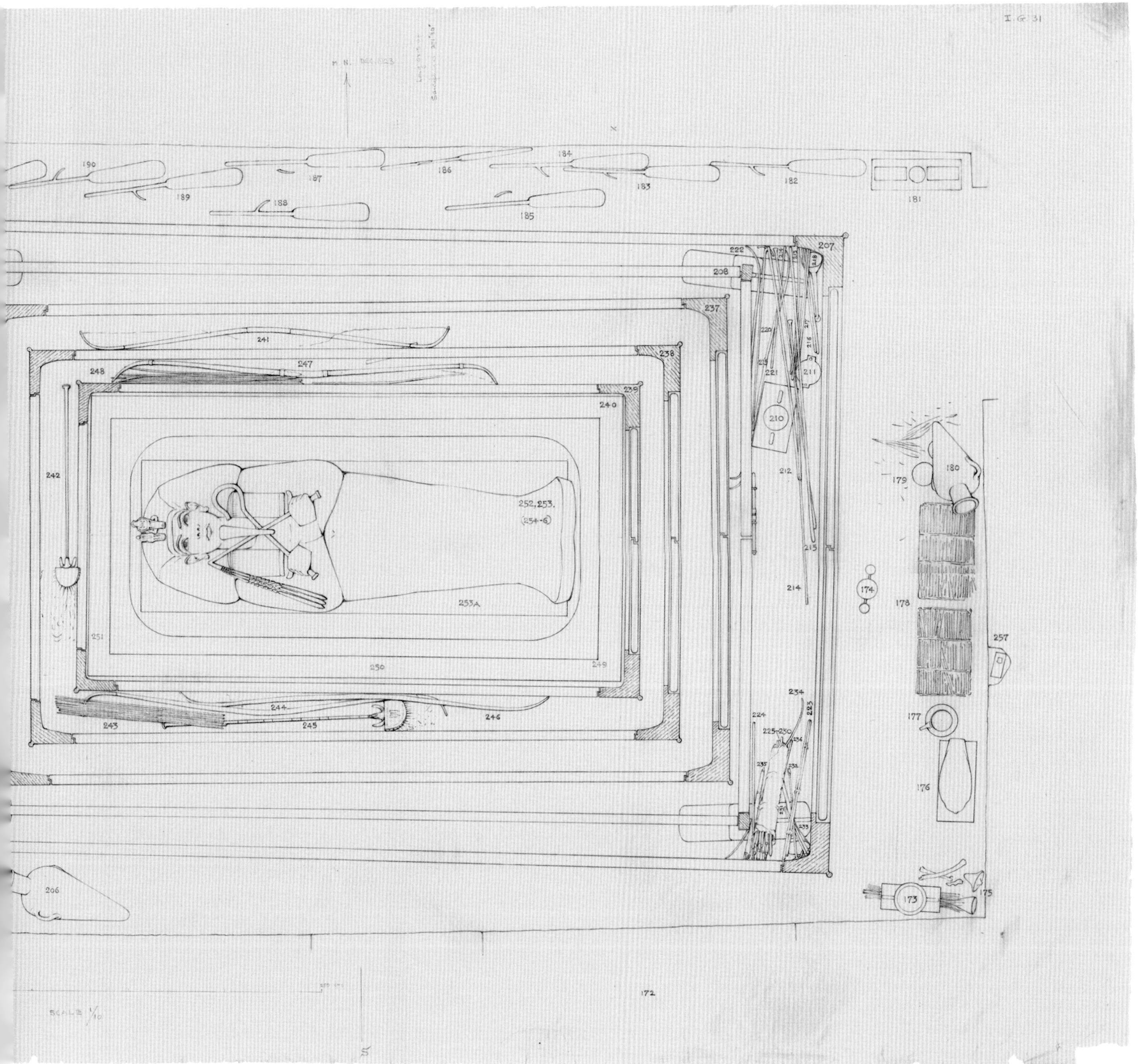
I. G. 31
190
189
187
188
186
185
184
183
182
181
222
207
208
237
241
238
247
248
239
240
242
252, 253.
(254-6)
253A
251
250
249
244
243
245
246
210
211
212
214
215
174
178
179
180
257
177
176
173
175
234
223
224
225-230
206
172
SCALE 1/10

通过入口进入墓室的照片，几乎完全被蓝色和金色的外椁（卡特第 207 号）填满；外椁的高度为 298 厘米（最大）

玻璃底片，17.9 厘米 × 23.9 厘米

哈利·伯顿，可能摄于 1923 年 2 月 16 至 17 日

伯顿 P0603

22 葬礼场景

这间墓室显然是在外椁竖立好之后装饰的，而且封墓时油漆还是新的，其他房间的墙壁并未做装饰。这幅巨大的壁画展示了“宫殿的廷臣”在送葬队伍中用橇板将国王的木乃伊运送到陵墓中。下方有门通向宝库，墙上的小壁龛里有用亚麻布包裹的守护雕像（卡特第257号）。发掘团队于1923年正式进入这间墓室，不过伯顿是在1930年拍摄这张照片的。当时墓室已被清理干净，在瑞典王储访问期间，密封的壁龛已被打开。

墓室东墙；门宽 112 厘米

玻璃底片，17.9 厘米 × 23.9 厘米

哈利·伯顿，可能摄于 1930 年 11 月 3 日或不久之后

伯顿 P0879A

257

23 完好无损的封印

墓室中巨大的镀金外椁上布满了宗教场景和圣书体文字。第一个椁内还有另一个椁，它的门仍是闩好并密封的，这表明自公元前14世纪官员们离开墓穴以来，里面的一切东西都完好地存放着。里面还有第三个椁，它的门仍紧闭着，被一根粗绳整齐地系在两个金属环之间，还有一块黏土，上面印有王室陵墓官方印章（一只胡狼压制着九位被捆绑的敌人）。1924年1月3日下午3点，卡特“剪断了封住第三个椁门的绳子，打开了折叠门，显露出第四个椁的门。

第三个椁（卡特第 238 号）的封印和绳子（卡特第 238a 号）；绳子直径 0.4 厘米

玻璃底片，23.9 厘米 × 17.9 厘米

哈利·伯顿，摄于 1924 年 1 月 3 日

伯顿 P0631

238

24 为发现摆好姿势

镀金木椁的开启，为在全世界范围内宣传陵墓提供了又一次机会。这里，卡特（蹲着）、卡伦德（站着）以及一名身份不明的埃及团队成员（照片前景）即将发现第四个椁里面存放的东西。这张图片不是简单地客观记录这个历史时刻，伯顿用一种戏剧化的摆姿势方式来呈现，并用一盏大电灯（镜头上角）照亮，椁门与卡特在同一视角，但焦点聚集在卡特身上。另一个镜头记录了同样的动作，但构图并没有这么巧妙。

打开第四个椁（卡特第 239 号）的门

玻璃底片，23.9 厘米 ×17.9 厘米

哈利·伯顿，摄于 1924 年 1 月 3 日或 4 日

伯顿 P0643

25 打开的墓门

卡特后来描述，1924年1月3日，他“带着激动的心情”“拉开最后几扇未被密封的门的门环，门缓缓地打开了，一座巨大且完好的石英岩棺填满了整个区域，阻挡了前进的步伐。棺盖牢牢地固定着，就像虔诚的双手刚离开时那样”。这张照片展示了通过一连串打开的镀金门可以看到石棺表面的雕刻。还需要一个月的高强度工作才能拆除这些外椁，以便发掘队能够到达石棺。

穿过椁门的景象；第四个椁门的高度为130厘米

玻璃底片，23.9厘米 × 17.9厘米
哈利·伯顿，摄于1924年1月4日
伯顿 P0644A

26 移除椁顶

在这张令人激动的墓室前厅图中，卡特、两名埃及同事与卡伦德一同举起一段外椁的顶盖，并插入木板条支撑。古代工匠将镀金木椁建成“自行组装”的形式，准备将其矗立在石棺周围，并用墨水在各个部分写上注释以便组装。然而，墓室里空间狭窄，他们不得不把它装在了与原计划相反的方向。对于卡特的团队来说，从这个小墓里移除外椁或许比古代工人组装它们时所遇到的挑战还要大。

移除外椁（卡特第 207 号）

玻璃底片，23.9 厘米 ×17.9 厘米

哈利·伯顿，摄于 1923 年 12 月 16 日

伯顿 P0605

27 盖板之下

重重外椁内有一座装着国王棺材的石棺。在对页照片中，伯顿站在外椁的位置近距离拍摄，当光线落在国王的脸上时，唤起了墓室的沉静与寂寥。在石棺后面是外椁被拆除的部件和包装所用的木板。国王的额头上还装饰着矢车菊和橄榄叶的小花环。在安葬过程中，工人们不得不切掉过大的棺椁镀金脚末端，才能使盖板正好盖上。最后，他们将深色树脂滴落在镀金棺椁上弥补了这一明显的改动。

棺椁外面上半部分放置有一个花环，镶嵌着眼镜蛇和秃鹫，作为王室象征，花环周长 31 厘米

原版，23.2 厘米 × 17.2 厘米

哈利·伯顿，摄于 1925 年 2 月 5 日

伯顿 P0709

被发现时的石棺（卡特第 253 号）内部（卡特第 240 号）；内部长宽为 275 厘米 ×148 厘米

玻璃底片，17.9 厘米 ×23.9 厘米
哈利·伯顿，摄于 1925 年 2 月 5 日
伯顿 P0705

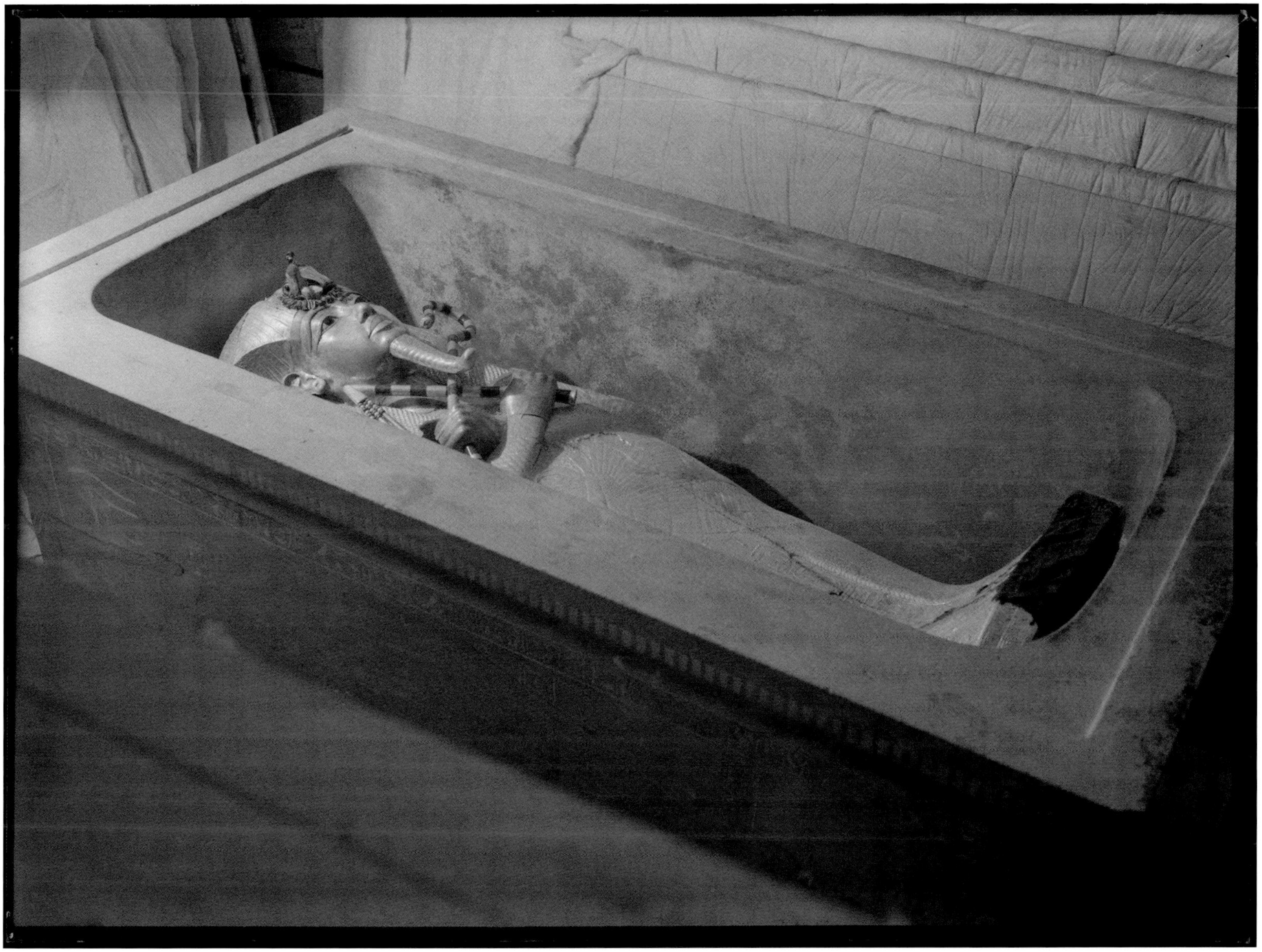

对页图：被发现时的中棺（卡特第254号）内部；中棺宽度：68厘米（最大）

玻璃底片，23.9厘米×17.9厘米

哈利·伯顿，摄于1925年10月17日

伯顿 P0718

28 花环面罩

1925年10月13日，研究团队揭开了位于石棺内的中棺的盖板，捕捉到这张国王中棺的神秘照片。内棺仍包裹在亚麻布中，上面挂着矢车菊、蓝莲花以及柳叶和橄榄叶组成的精致花环。卡特认为“在所有的富丽堂皇之中……没有什么能比这几朵枯萎的花更美了，它们仍然保留着些许色彩”。摄影记录于10月17日完成后，卡特“小心翼翼地取下这些花圈和花环，使裹布能够展开”，最终露出里面装饰华丽的中棺。

右图：装饰华丽的中棺盖板，清理后，被放在纯色布料和垫子上

玻璃底片，23.9厘米×17.9厘米

哈利·伯顿，可能摄于1925年10月30日至11月9日

伯顿 P0719A

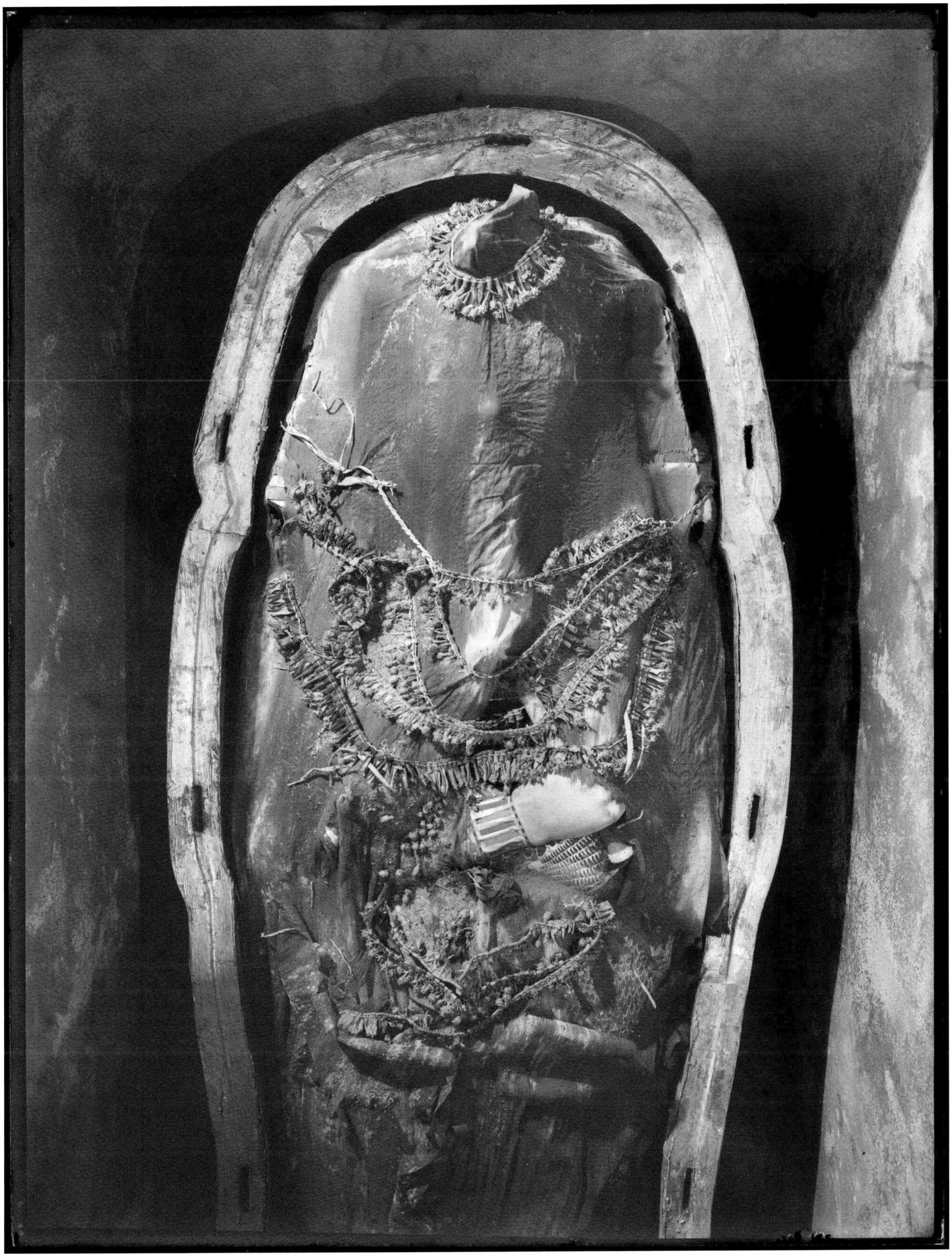

29 工作中的考古学家

在丧葬仪式中，内棺上常被倒入大量油膏，导致不仅在棺材表面覆上一层黑漆，而且还将其牢牢地粘在中棺上。卡特注意到，这种油膏“当热气袭来时会有一股味道，带着某种芳香，并不难闻，而是让人联想到木沥青”。这张照片聚焦于卡特的手，他正在前厅摆出移开裹布和油膏的漆黑残留物的姿势（一动不动），团队里的一名埃及成员拿着刷子从旁协助。诸多工具明显地摆放在木托架上，以表现考察的科学性。这张照片中人物的站位也揭示出团队成员和工作内容之间的不平等。

霍华德·卡特和一名埃及同事在考察内棺（卡特第 255 号）
原作，17.2 厘米 × 23.2 厘米
哈利·伯顿，可能摄于 1925 年 10 月 26 日
伯顿 P0770

对页图：被发现时的内棺（卡特第 255A 号）上部；棺材宽度为 51.3 厘米（最大）

依据原版制作的玻璃底片（钉在板上），16.3 厘米 ×12 厘米

哈利·伯顿，摄于 1925 年 10 月 24 日

伯顿 P0731

30 一件花领

在这张照片中，伯顿的相机镜头与包裹在浅红色亚麻布中图坦卡蒙黄金内棺上神秘的目光相遇。这具棺材的脸部在古代是没有遮盖的，其头部和中棺之间夹着一块折叠的布（边缘覆盖着深色油膏）。脖子的周围是一个精心制作的宽花领（卡特第255A号），它由柳叶、矢车菊、石榴叶和茄属浆果制成的蓝色珠子组成。这张照片捕捉到了这些精致植物的幸存时刻，但是正如卡特后来指出的那样，“即使这些植物最初看起来完好无损，但事实证明它们很脆弱，一碰就碎”。

右图：清理和打蜡后的内棺（卡特第 255 号）盖板，放在黑布和垫子上

玻璃底片，23.9 厘米 ×17.9 厘米

哈利·伯顿，可能摄于 1925 年 11 月 21 号后不久

伯顿 P0719C1

255.A.

对页图：图坦卡蒙的丧葬面具（卡特第256A号）；高度54厘米

玻璃底片，23.8厘米 ×17.9厘米
哈利·伯顿，摄于1925年12月16日至31日
伯顿 P0753

31 面具

国王木乃伊的头部戴着装饰华丽的黄金面具，这已经成为这座陵墓中最具代表性的文物。在对文物保护过程中，国王脸部和脖子的表面会被涂上一层石蜡（这也是拍摄反光物体的标准做法），伯顿拍下了它在台子上没有胡须的照片。由此产生的图片表现了不受黄金干扰的安详恒久的年轻面孔的精细模型。卡特认为，这张照片带着一种“悲伤却平静的神情”，他后来说国王的英年早逝，吸引着仍在为因战争和瘟疫而死的人哀悼的现代观众。

右图：被发现时的面具，国王木乃伊的组成部分（面具通常被拍成单独的半身像）

依据原版制作的玻璃底片，16.3厘米 ×12厘米
哈利·伯顿，摄于1925年10月29日
伯顿 P0744

32 给年轻国王做尸检

1925年11月11日，一场国王木乃伊的“科学尸检”在塞提二世岩墓的文物修复实验室中展开。由于涂抹了油膏，尸体无法移动（见第29份）。伯顿捕捉到了英国外科医生道格拉斯·德里在他的埃及同事萨利赫·贝·哈姆迪医生（右边）注视下，在木乃伊上切下第一刀的场景。其他的围观者是卡特和埃及古物局的法国局长皮埃尔·拉科（1873—1963），而官方委员会中的埃及成员则回眸看向镜头。

官方委员会成员观察切第一刀

原版影印，23.3厘米 × 17.3厘米

哈利·伯顿，摄于1925年11月11日

伯顿 P0939

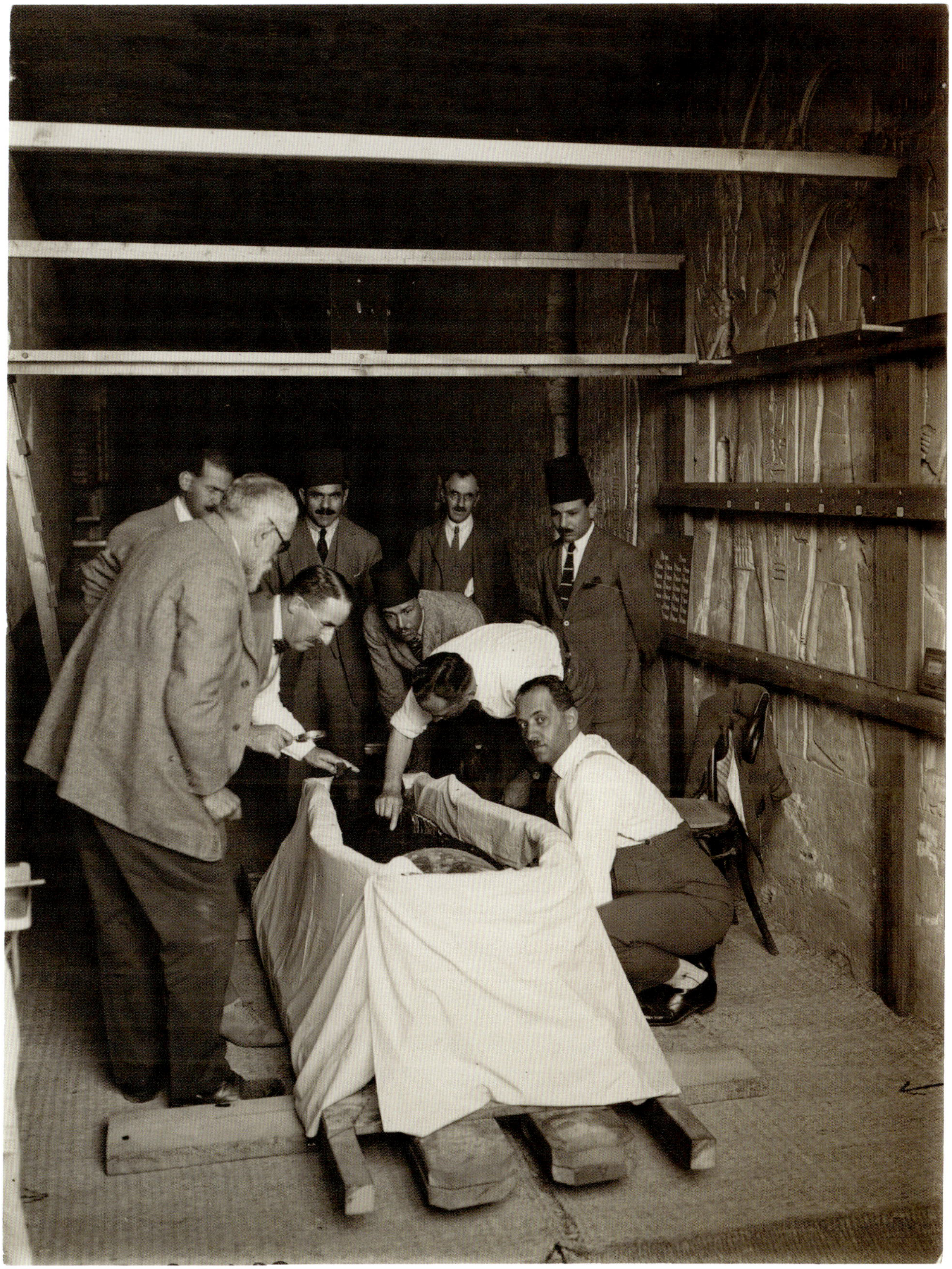

戴在国王前臂和手上的手镯与戒指图，每一件都有编号

铅笔画，25.7 厘米 × 20.6 厘米

霍华德·卡特，绘于 1925 年 11 月至 1926 年 4 月

TAA Archive i.4.10

33 国王的首饰

打开包裹国王尸体的绷带并检测花费了9天时间，在绷带层中发现约150件护身符及其他物品。伯顿对每一件物品的位置和外观进行了拍摄，并制作了物品卡（见第16份）。卡特后来精心绘制了18张国王木乃伊的图解（所谓的“尸检图”），其中6张于1927年2月26日发表在《伦敦新闻画报》上。这里的图画及照片展示了图坦卡蒙双臂折叠放在胸前，裸露的手臂上戴着超过12个珠宝手镯，手上戴数枚戒指，脖子上戴着宽大的金项圈（卡特第256GG号）。

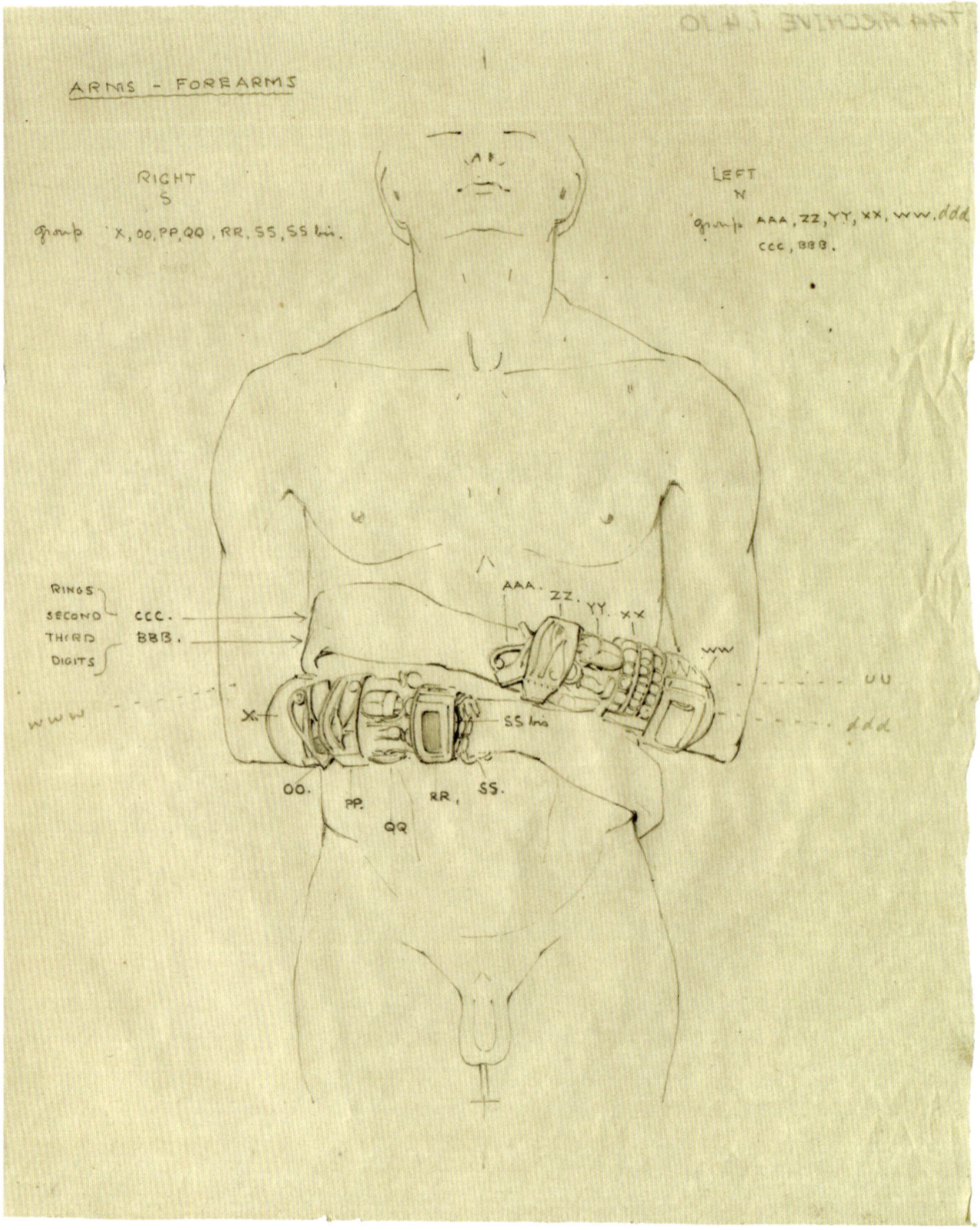

国王戴着手镯的前臂（卡特编号 256X, 256OO - SSbis, 256WW - DDD）

玻璃底片，17.9 厘米 ×23.9 厘米

哈利·伯顿，摄于 1925 年 11 月 13 日

伯顿 P0791

34 两张宝库图

墓室的东边是贮藏室，卡特将其称为“宝库”。墓的后方矗立着一座高大的镀金神龛，梅斯认为“这是我见过的最令人印象深刻的纪念碑”。这里存放着经过防腐处理的国王的内脏，它们和国王的木乃伊一起经历了葬礼仪式。门前摆放着胡狼神阿努比斯的可移动神龛，它戴着花环身披亚麻布。这两张照片展现了伯顿对光的巧妙运用：在其中一张照片中房间从外部照亮，但是在另一张照片中，隐藏的光营造出一种极具戏剧性和神秘的效果，光线集中在了这座壮丽的神龛上。

两张宝库图；门宽 112 厘米

玻璃底片，23.9 厘米 x 17.9 厘米
原版影印，23.3 厘米 x 17.2 厘米
哈利·伯顿，摄于 1926 年 10 月 24 日
伯顿 P1169（影印）和 1169A

35 古代的包装材料

沿着宝库的一面墙，有一排“黑色的、阴森的，像神龛一样的大箱子……除了其中的一个，其他都被密封着。未密封箱子的折叠门已经散开，使身披亚麻布、站在黑豹背上的国王雕像显露了出来”。墓室中大多数物品都用亚麻布包裹着，它不仅是包装材料，还是宗教仪式上的覆盖物。这些镀金雕像显然是为国王守墓，它们可能在葬礼前就存放在宝库里。另一个世界使用的模型船堆在宝库两侧，所有东西都在复杂的存放过程中堆在了一起。

神龛内两座站在黑豹背上的国王雕像（卡特第289号）；雕像高度为85.6厘米

大都会艺术博物馆的交换影印照片，23.2厘米 × 17.3厘米

哈利·伯顿，摄于1926年10月末或11月初

伯顿 P1010B

289

36 一间拥挤的贮藏室

发掘团队要清理的最后一个房间是通往前厅的小型贮藏室（附属建筑）。这个房间“拥挤得都看不清里面是什么，”也是“这座王陵遭受忽视和耻辱的见证。”混乱的局面使团队的清理工作变得相当困难，他们不得不用吊索悬挂在物品上方工作。这张照片记录了贮藏室南端的情况，已清理完其中的部分物品，并编好号码。这个巨大的白色三角箱（卡特第370号）是用来存放国王的弓、箭、掷棍和击棍的。后面的杂物包括篮子、锅、装饰性容器（例如第579号）以及模型船（第437号），最上方是一张倒放的床（第377号）和一个倒置的儿童尺寸的白色王座（第349号）。

正在清理的附属建筑内部情况；白色箱子（卡特第370号）的长度165.5厘米

大都会艺术博物馆的交换影印照片，17.2厘米×23.2厘米

哈利·伯顿，摄于1927年12月初

伯顿 P1689

377
461
587
379
590
436
588
586
351
591
375
435
437
580
380
578
581
579
385
584
585
583
370
582

37 香水瓶

这些用半透明方解石雕刻的华丽器皿，放置在前厅的两座祭祀床（见第8份）之间。瓶身两侧精致的纹章植物由石头雕刻成，曾经用来盛放香膏。古代的劫掠者破坏了这些瓶子，在里面翻找香膏：正如照片显示的那样，一些瓶子在被发现时仍带着盖子，但还有一些瓶子在破碎的架子上摇摇欲坠。发掘团队在前厅其中一座“守护雕像”旁发现了掉落的瓶腿，这表明陵墓遭遇抢劫后官方清理工作匆忙而不全面。

前厅的一组瓶子；前方瓶子（卡特第57号）的高度为52.9厘米

玻璃底片，23.8厘米 × 17.9厘米

哈利·伯顿，摄于1922年12月18日至24日

伯顿P0010

140

38 一把羽毛扇

宝库中有一个纯白色的箱子，里面装着刻有国王名字的精致旋转扇，还有一些风干的鳄梨残余（右上）。在这张照片中，扇子上白色和棕色的鸵鸟毛看起来就像是刚刚被拔掉的，镀金和配有装饰的象牙扇柄仍然展现出它的光泽。多亏了保护箱，因为在墓中发现的9把扇子中，只有这把扇子的羽毛还在。由于使用了“固化剂”在内的喷剂进行保护，从而确保了这些曾于3000年多前的宫廷中随风浮动的羽毛仍得以保存至现在。

装着扇子（卡特第 272 号）的箱子；箱子大小：66.4 厘米 ×45.1 厘米

玻璃底片，23.9 厘米 ×17.9 厘米
哈利·伯顿，摄于 1926 年 11 月 5 日
伯顿 P0997A

272

39 精细的装饰品

这间墓室里有6辆完整却已被拆解的双轮战车，其中4辆堆放在前厅（见下方）。对页图展示了镀金葬礼战车车体内部的细节，装饰非常华丽。战车的表面布满了螺旋带、玫瑰花结和呈羽毛状的彩色镶嵌物，上面有一个饰物，是一只象征着保护的眼睛。车内装有蛇形铜合金镂空装置，蛇身的鳞片用镀金处理得非常精致，是圣书体文字“永恒”。

对页图：有蛇形装饰的双轮战车车体（卡特第122号）；蛇长18厘米

玻璃底片，16.3厘米 ×12厘米
哈利·伯顿，摄于1923年年初
伯顿 P0540

下图：墓室入口旁随便堆叠的拆解的战车图（卡特第120—122号，161号）；最顶端轮子（卡特第122C号）的长度为93厘米（最大）

玻璃底片，17.9厘米 ×23.9厘米
哈利·伯顿，摄于1922年12月18日至27日
伯顿 P0012

122

对页图：织锦编织手套（一只，卡特第 367F 号），在附属建筑的箱子中发现；手套长度：38.4 厘米

玻璃底片，23.9 厘米 ×17.9 厘米

哈利·伯顿，摄于 1927 年 12 月初

伯顿 P1223A

40 皇家衣橱

墓中的纺织品种类繁多，从日常服装到精致的国服，应有尽有。有些手套非常小，一定是国王小时候戴过的。有些是普通手套，可能是骑马时戴的，但是对页图所显示的这只手套用织锦编织了红色、蓝色和棕色图案，再用带子固定在手腕上，这类手套可能用于宗教仪式。

墓室中甚至还保存了贴身内衣——约145块三角亚麻腰布，穿的时候从后面缠在腰间，一端从腿间提起，然后将三个角绑到前面。

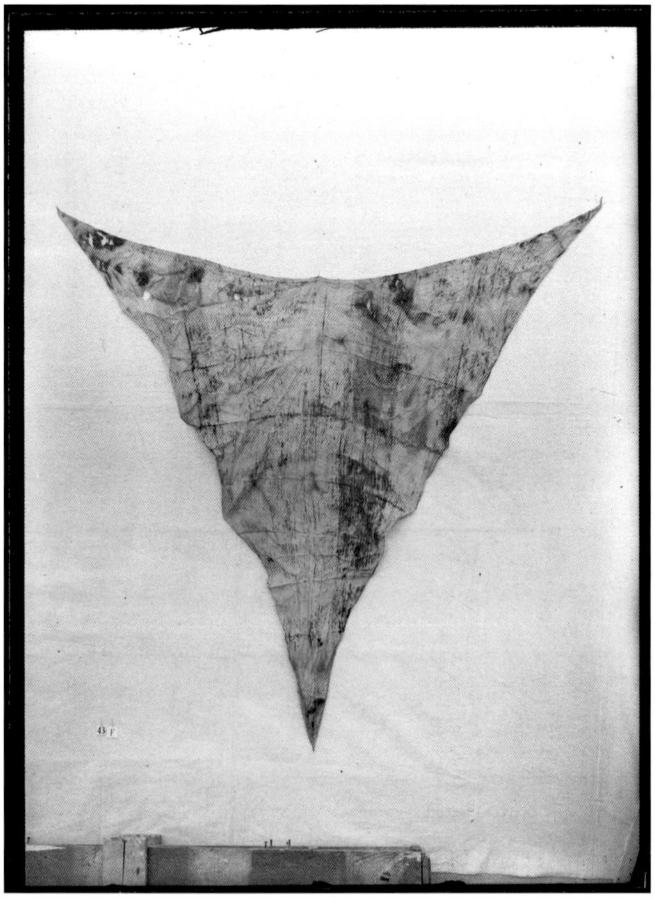

上图：前厅箱子中的亚麻缠腰布（卡特第 43F 号）；长边长度：135 厘米

玻璃底片，16.3 厘米 ×12 厘米

哈利·伯顿，摄于可能是 1923 年年初

伯顿 P0403

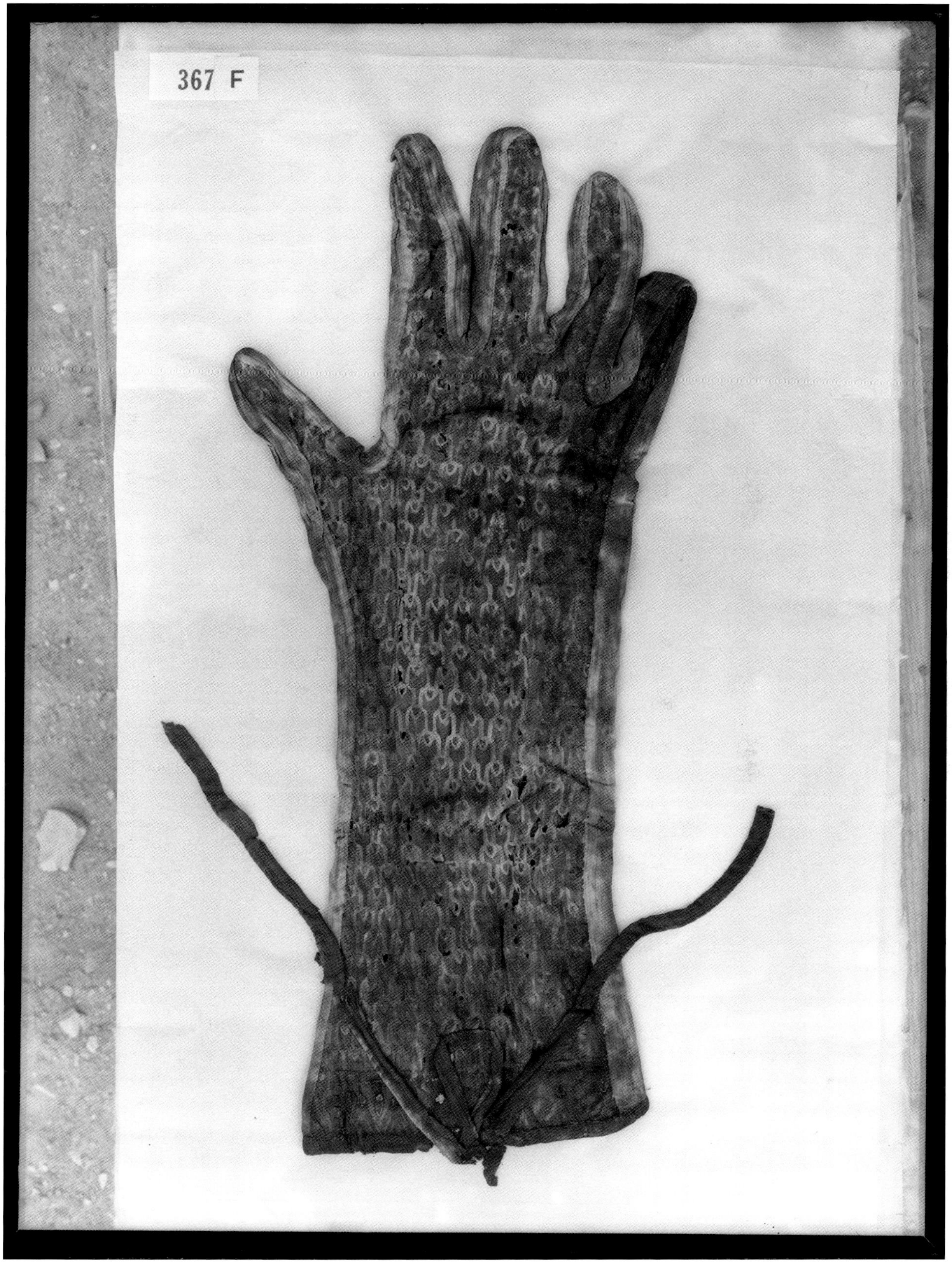

41 篮子和相册

除了箱子和花瓶之外，墓中还放置了各种各样编制精美的篮子。篮子的里面还有水果，如一个装有棕榈果的椭圆形大篮子，这里所展示的有带盖子和揭开盖子的（卡特第97号）。这是伯顿的十套大相册中的一页，其中一部分是按照物品类型排列的。伯顿在每一张照片上都标上了底片编号（上）和卡特的物品编号（下）。这些照片的大小和色调各不相同，有一些倾向于暖色调，也有一些是更深的褐色，但是所有照片的色调都很宽，色彩平滑并具有极高的分辨度。

摄影辑，半皮面装订，詹姆斯·辛克莱公司制作，伦敦，伯顿影印

皮革、木板、纸张，照片影印，水墨，28 厘米 × 43 厘米 × 5.5 厘米；第九号相册标记着“LVIII-LXXXV”

哈利·伯顿，摄于 1924 年至 1926 年间

TAA Archive i.6.1-10

摄影辑中的一页，半皮面装订，詹姆斯·辛克莱公司制作，伦敦，伯顿影印（第六本相册，第 38 页）

皮革、木板、纸张，照片影印，墨水，28 厘米 ×43 厘米 ×5.5 厘米

TAA Archive i.6.6.38

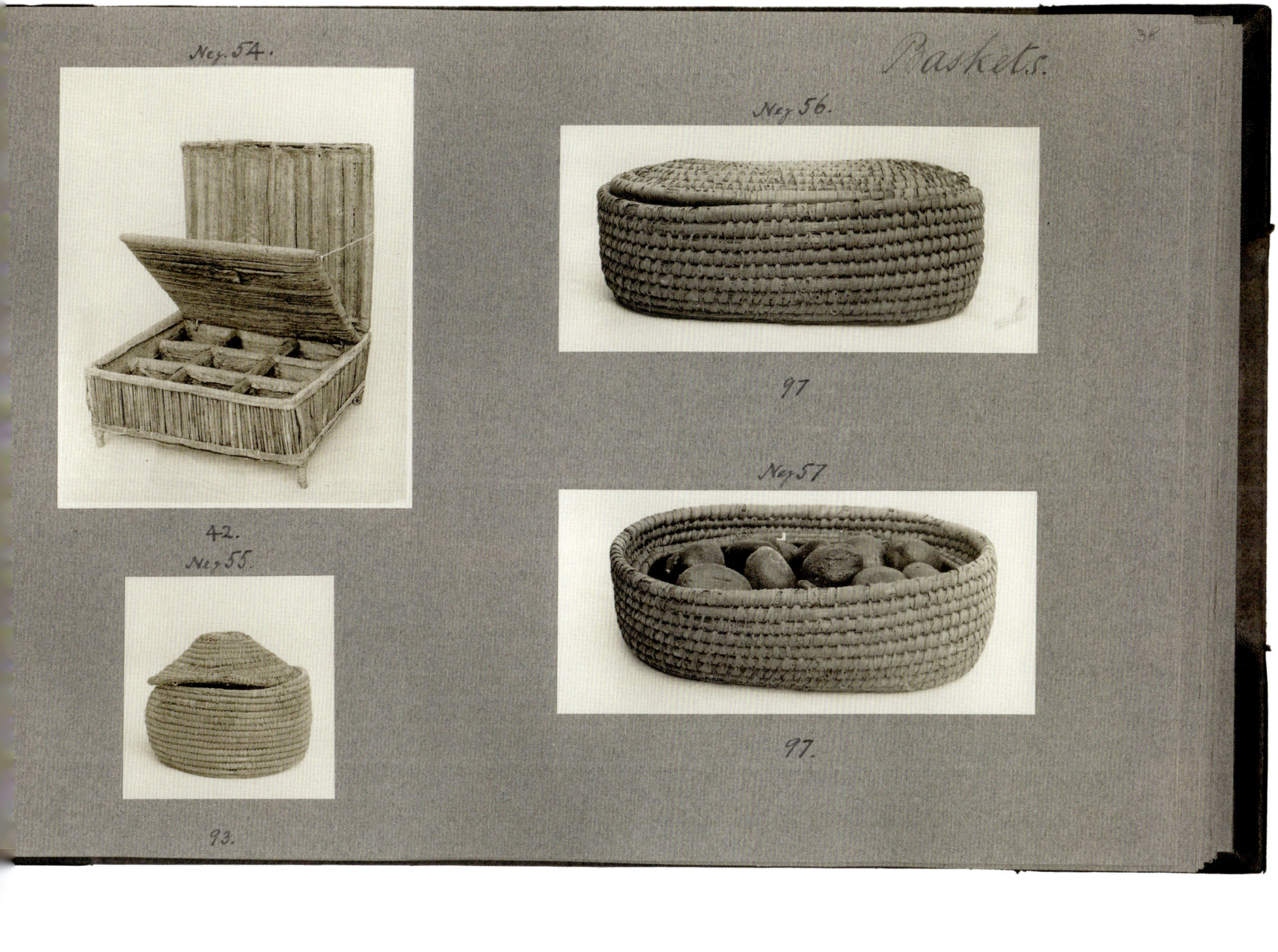

42 一个雅致的凳子

墓室中的家具里有一个雅致的凳子，乍看之下像是简单的牛皮凳，但却是由黑檀木制成的，上面镶嵌着象牙。它的凳面装饰花形图案，一侧垂下一条尾巴，犹如一头姿态优雅的公牛。凳腿的末端是鸭头，它们的喙咬住镀金的脚架（它们的舌头甚至被染成了红色）。一个旅行用的凳子变成了华丽且具有异域风情的东西供国王使用。这是伯顿为记录单个物品所拍摄的照片中的一个例子。它以布为背景并配有编号卡（卡特第83号）。

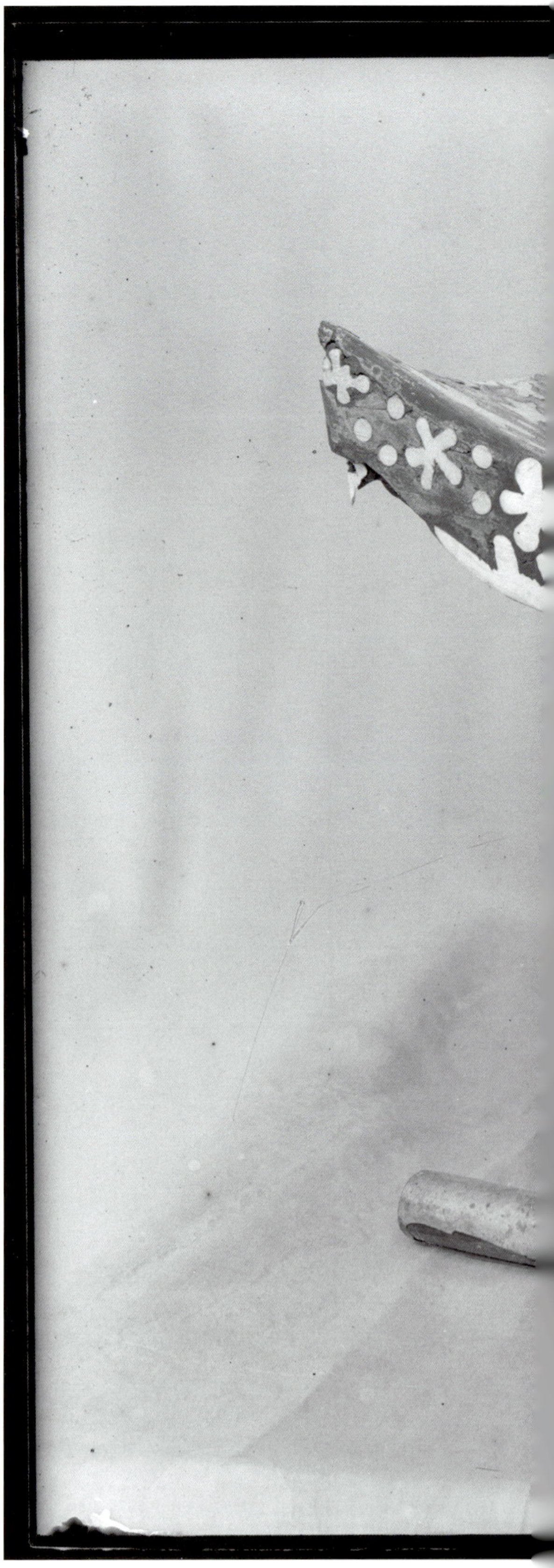

前厅（密封门的反面，见第 8 份）的黑檀木凳子（卡特第 83 号）；凳子高度：34.5 厘米

玻璃底片，12 厘米 × 16.3 厘米

哈利·伯顿，可能摄于 1923 年年初

伯顿 P0353

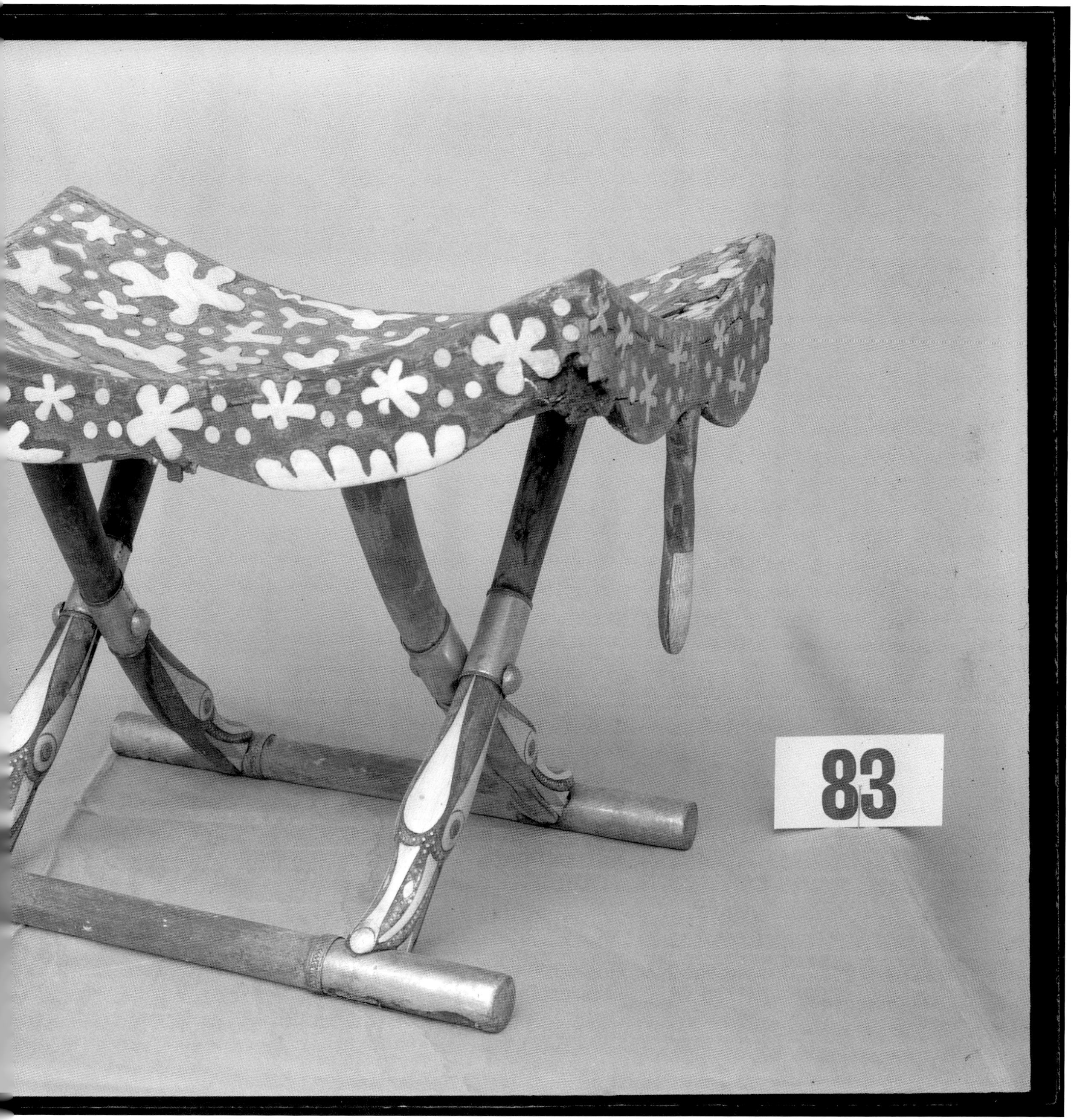
83

43 古代与现代

在这张照片中，一个未载其姓名的埃及男孩戴着从宝库的小匣里拿出的沉甸甸的珠宝项链。几十年后，古纳村的侯赛因·阿贝德·埃尔–拉苏声称自己就是那个男孩。于是，许多故事都围绕这幅动人的画面而展开。当它于1927年4月首次发表在《伦敦新闻画报》上时，只是简单地标注为“展示悬挂的方法”，但这个男孩的表情显示出一种更为复杂的情绪，照片中的男孩似乎意识到自己肩负着沉甸甸的历史。那一刻，古代埃及和现代埃及融为一体，死者世界与生者世界瞬间连通。

戴着护心符（卡特第 267G-H 号）的埃及男孩

玻璃底片，23.9 厘米 ×17.9 厘米

哈利·伯顿，摄于 1926 年年末或 1927 年年初

伯顿 P1189

44 摄影师的妻子

伯顿在墓地工作时，他的妻子明妮陪伴着他。明妮写了一本日记，这成了一个宝贵的信息源，它可以帮助我们了解曾有哪些人曾在卢克索那个忙碌的发掘季中出现。她日记中记录的事项包括社交活动（与其他考古学家、他们的家人和知名访客的数次午餐会、茶会和晚宴）、她的定期散步和日常生活，整理夫妻二人的住处、缝纫、写信和园艺。虽然她不是团队的正式成员，但她偶尔也会提到帮助丈夫对摄影作品进行编号和编目。她在这里记录了初次参观陵墓的情景。

12月19日，星期二

我上午和下午都在给家具刷漆。卡特先生给我送来了一头驴，让我骑着去图坦卡蒙墓。太棒了。卡伦德先生在那里，后来布雷斯特德夫妇和小女孩也来了。我们从两侧的山上走了过去。豪瑟先生和霍尔先生从阿斯旺回来了。温洛克先生和弗朗西斯女士到戴维斯家喝茶。

集体照

原件，12.3 厘米 × 17.1 厘米

大都会博物馆考察队中不知道姓名的摄影师，可能摄于 1925 年 1 月

戴维斯 MSS 12.9

这张美国和欧洲考古学家与他们家人的合照是在大都会艺术博物馆卢克索考察队营地附近拍摄的，其中包括明妮（中间一排右二）和哈利·伯顿（最后一排右三）。

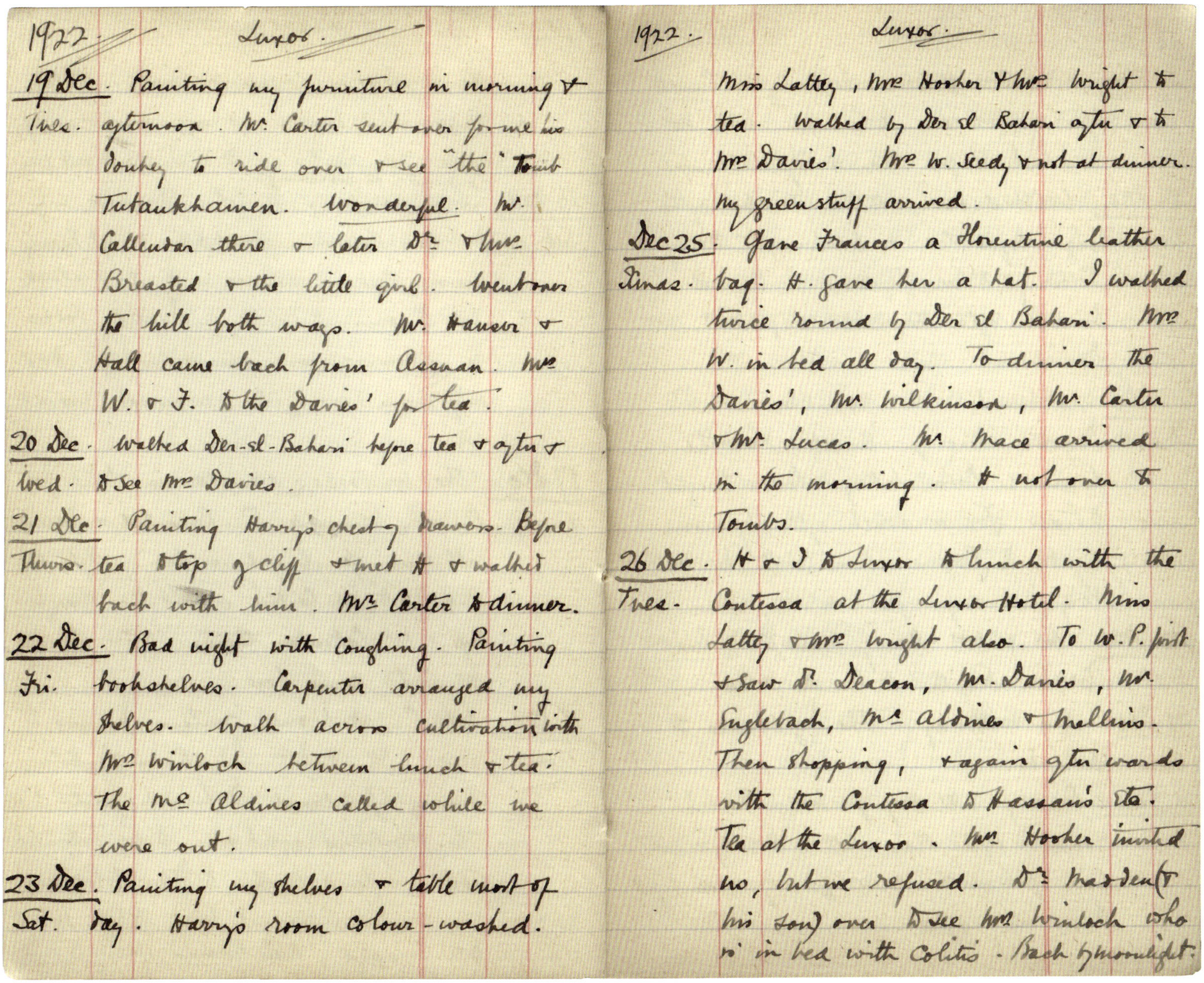
1922. Luxor.

19 Dec. Tues. Painting my furniture in morning & afternoon. Mr Carter sent over for me his donkey to ride over & see "the" Tomb Tutankhamen. Wonderful. Mr Callendar there & later Dr & Mrs Breasted & the little girl. Went over the hill both ways. Mr Hauser & Hall came back from Assuan. Mrs W. & F. to the Davies' for tea.

20 Dec. Wed. Walked Der-el-Bahari before tea & after & to see Mrs Davies.

21 Dec. Thurs. Painting Harry's chest of drawers. Before tea to top of cliff & met H & walked back with him. Mr Carter to dinner.

22 Dec. Fri. Bad night with coughing. Painting bookshelves. Carpenter arranged my shelves. Walk across cultivation with Mrs Winlock between lunch & tea. The Mc Aldines called while we were out.

23 Dec. Sat. Painting my shelves & table most of day. Harry's room colour-washed.

1922. Luxor.

Miss Lattey, Mrs Hooker & Mrs Wright to tea. Walked by Der el Bahari after & to Mrs Davies'. Mrs W. seedy & not at dinner. My greenstuff arrived.

Dec 25. Xmas. Gave Frances a Florentine leather bag. H. gave her a hat. I walked twice round by Der el Bahari. Mrs W. in bed all day. To dinner the Davies', Mr Wilkinson, Mr Carter & Mr Lucas. Mr Mace arrived in the morning. H not over to Tombs.

26 Dec. Tues. H & I to Luxor to lunch with the Contessa at the Luxor Hotel. Miss Lattey & Mrs Wright also. To W. P. post & saw Dr Deacon, Mr Davies, Mr Englebach, Mc Aldines & Mellins. Then shopping, & again afterwards with the Contessa to Hassan's etc. Tea at the Luxor. Mrs Hooker invited us, but we refused. Dr Madden (& his son) over to see Mrs Winlock who is in bed with Colitis. Back by moonlight.

明妮·伯顿1922年6天的日记

线条账本，用蓝布包着，墨水，17.9厘米 ×11厘米 ×2.8厘米（合上）

明妮·伯顿，卢克索，写于1922年12月19至26日

M. 伯顿日记，第64页到65页

45 旅游景点

游客和记者聚集在墓室入口前见证这个世界著名“宝库”被移走，它们经常被装在板条箱里搬运，就像这里所显示的正在搬运的祭祀床部件。在团队清理的前几个月里，这些人群威胁到文物的安全运输，因此埃及政府禁止未经特殊许可的游客到山谷参观。然而，进入墓室的许可证通常授予有特权的人——一般是皇室、官员或学术界的同行。关于何人被允许进入陵墓引发了卡特和埃及当局的法律纠纷，这导致发掘工作在1924年至1925年停滞了近一年的时间。

游客们观看一件文物（卡特第 137 号的部分）从墓中移出

据原版所制的玻璃底片，8.2 厘米 × 10.7 厘米
不知姓名的摄影师（可能是《泰晤士报》的阿瑟·莫顿），摄于 1923 年 2 月
TAA Archive ii.4.10

46 享誉世界

陵墓的发现引发了大众的强烈兴趣，由于国际媒体的数日报道，团队的工作成为媒体焦点。“图坦卡蒙热”影响了各个层面的流行文化（见第49份）。卡特用一系列公开演讲回应这种“狂热”，其中包括1924年的一场艰难持久但却有回报的北美巡回演讲，以及在欧洲的巡回演讲。演讲时，他使用伯顿的摄影作品制作的玻璃幻灯片举例说明，其中一些幻灯片进行了手工着色，其目的是为传递出这些物品的全部效果，这在拥挤的大厅和剧院里赢得了“热烈的掌声”。

上图：方解石灯（卡特第173号）的玻璃幻灯片，从内部照亮，容器高度为51.4厘米（最大）

纸嵌在玻璃中，胶带，标签和铅笔，8.2厘米 × 8.2厘米 ×0.3厘米

雷金纳德·A. 马尔比公司的手绘正片，可能摄于1925年或此后不久

伯顿 P0659B LS

左图：霍华德·卡特12个抽屉里装着超过600个玻璃幻灯片

木头和铜制抽屉手柄，标签和墨水，31.7厘米 × 48厘米 ×36.7厘米

未知名制作者，20世纪20年代早期

TAA Archive i.8

47 粉丝邮件

这一发现触动了很多人。卡特曾被来自世界各地热情粉丝的“信件……和各种类型的询问淹没”，特别是在陵墓发现后的头几个月。这些信件包括祝贺信、出资购买“墓室中取出的小象征物”和广告邀约的信件。其中一封来自爱尔兰的6岁小男孩手写的卡片被保存了下来，上面写着他的梦想“成为像您一样的埃及学家”。小男孩所写的圣书体文字中包含图坦卡蒙的名字。这个小男孩就是后来著名的艺术家卢克·迪伦–马洪（1917—1997），他曾在艺术学校学习绘画，并开创了自己的广告事业。

来自

卢克·马洪

爱尔兰阿哈斯克拉卡斯尔加

祝您伟大的发现取得成功。我想成为像您一样的埃及学家。我现在6岁了，希望等我长大后能成为埃及学家。我爱图坦卡蒙的一切。

卢克·马洪写给霍华德·卡特的一张卡片

纸，墨水，铅笔，彩色颜料和棉绳，17.3 厘米 × 22.7 厘米（打开）

卢克·马洪，日期不明，但可能是 1922 年年末或 1923 年年初

TAA Archive ii.3.14

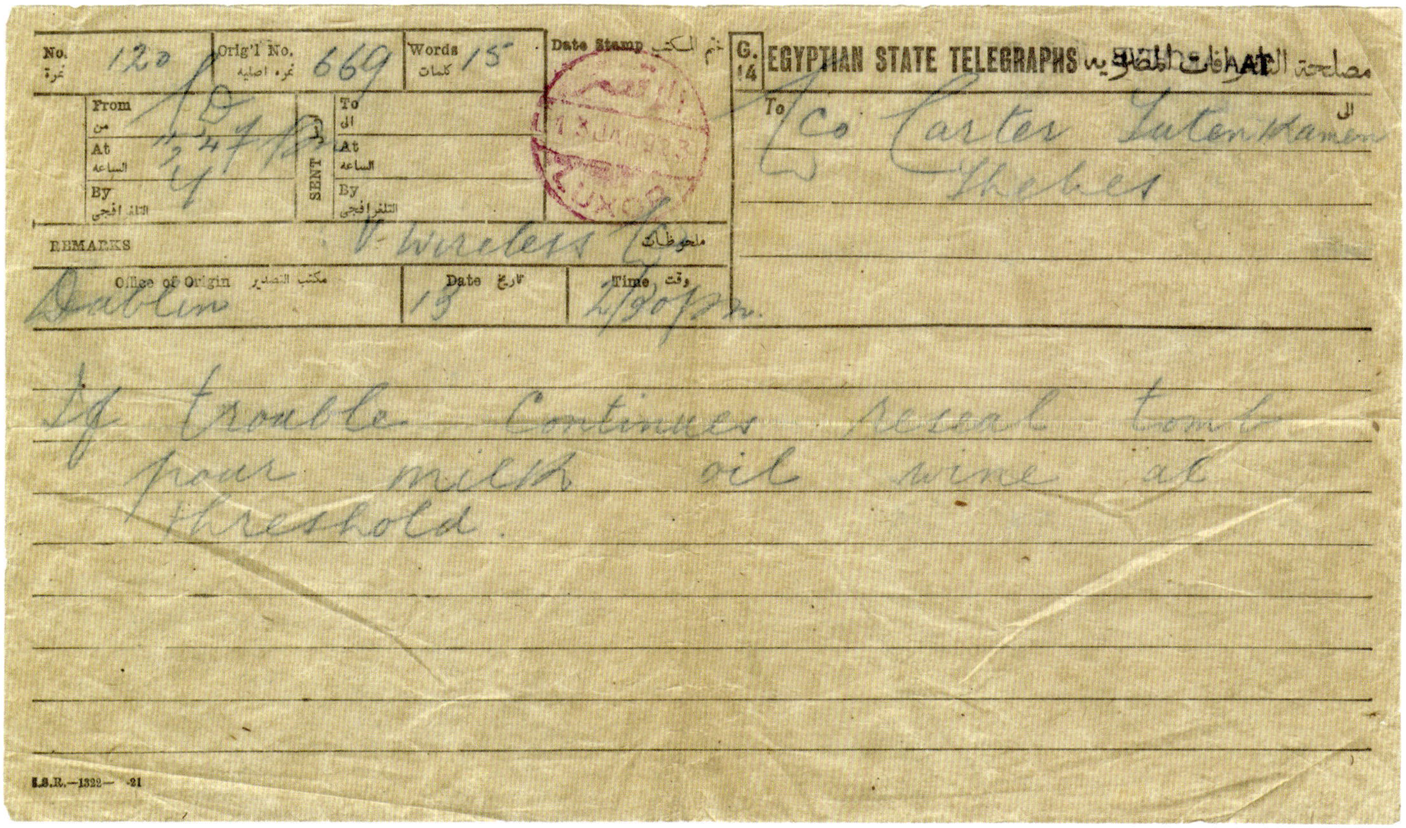
No. 120 Orig'l No. 669 Words 15 Date Stamp
G. 14 EGYPTIAN STATE TELEGRAPHS
To Co Carter Tutenkhamen Thebes
From
At
By
SENT
To
At
By
REMARKS V. Wireless
Office of Origin Dublin Date 13 Time 2/30 p.m.
If trouble continues reseal tomb pour milk oil wine at threshold.

48 神秘的建议

在流行文化中古埃及总是与神秘联系在一起，这封匿名电报于1923年1月13日从都柏林发往“卡特·图坦卡蒙·底比斯”。上面警告说：“如果麻烦继续存在就重新封墓，再将牛乳酒洒在门槛上”，这可能是因为看到了前一天报纸报道中沙尘暴侵袭使墓中工作停滞的消息。几乎可以确定，这位发报人是爱尔兰诗人和凯尔特神话学家艾拉·扬（1867—1956）。她后来写信给卡特，断言卡那封的死因源于“在打开图坦卡蒙墓时没有进行任何隆重的仪式安抚墓中的卡（灵魂）”。

致霍华德·卡特的电报

纸张，彩色铅笔和墨水，14.8 厘米 × 25.4 厘米

（艾拉·扬），1923 年 1 月 13 日

TAA Archive ii.3.25

49 推销图坦卡蒙

在“图坦卡蒙热”盛行的年代，制作商生产了各种能想象到的商品，灵感往往来自伯顿发表的照片和新闻报道。这款美国图特姆（Tutoom）棋盘游戏的中心被加冕的国王所占据，棋盘上的方格是考古学家穿越沙漠前往陵墓的场景。这个游戏的棋子被设计成骑着驴的小考古学家，这一灵感来自考古团队每天往返发掘现场的交通方式。游戏规则类似蛇梯棋，它的目标是成为第一个到达“法老的宝藏”的玩家。

图特姆：法老宝藏之旅，棋盘游戏

印刷的棋盘，带着棋子；棋盘：44.6 厘米 × 43.7 厘米

欧德曼，仙童公司制作，美国纽约，罗切斯特，1923 年

TAA Archive ii.3.25

LOST GUIDE. GO BACK TO STARTING POINT
STOP HERE FOR GUIDE LOSE 1 THROW
CATCH UP WITH PARTY ADVANCE TO 64
RESTING PLACE FOR DONKEYS THROW 9 OR MORE TO ADVANCE
CATCH UP WITH PARTY ADVANCE TO 32
CATCH UP WITH PARTY ADVANCE TO 72
EVERYBODY MUST STOP HERE REGARDLESS OF NUMBER THROWN AND THROW 10 OR OVER TO ENTER TOMB
MUST THROW 8 TO ENTER SQUARE 94
LOST GO BACK TO 32
JOURNEY TO THE TREASURES OF PHARAOH
TUTOOM

50 最后的照片

1932年在大都会艺术博物馆卢克索考察队的圣诞节晚宴上，卡特告诉伯顿说，虽然最后的发掘季已经结束，但是他们却忘记了对石棺进行全面的拍摄。在卡特的协助下，伯顿于1933年伊始拍摄了最后一组照片，最终“完成”对这座陵墓的拍摄工作。这些照片包括石棺的全景图，它的每个角落都雕刻着守护女神，她们张开翅膀拥抱着这位年轻的国王。今天，这座石棺仍然矗立在墓室的中心，和所有“奇妙的东西”一同守护着王陵。

墓室中的石棺（卡特第 240 号）图；石椁大小：275 厘米 ×148 厘米 ×148 厘米

玻璃底片，17.9 厘米 ×23.9 厘米
哈利·伯顿，摄于 1933 年 1 月中旬
伯顿 P0646F

图坦卡蒙墓发掘季

发掘日期		活动简要
1	1922年11月至1923年5月	发现陵墓；清理前厅；打开墓室；卡那封勋爵去世
2	1923年10月至1924年2月	处理前厅的最后一件物品；清理墓室；拆除镀金棺椁；揭开棺盖；与埃及当局的纠纷
3	1925年1月至3月	墓室内的工作；外棺的准备工作
4	1925年10月至1926年5月	打开棺材；揭开黄金面具；检测木乃伊
5	1926年10月至1927年4月	将图坦卡蒙的尸身放回石棺；开始清理宝库
6	1927年9月至1928年4月	完成宝库的清理工作；清理附属建筑
7	1928年10月至1929年年初	对文物的保护和拍摄工作
8	1929年至1930年之冬	没有工作；卡特就卡那封家庭财务清算问题与埃及当局谈判
9	1930年10月至11月	从墓室中移出被拆除的棺椁；打开墓室中的密封棺椁
10	1930年至1931年之冬	棺椁的保护工作
11	1931年至1932年之冬	进一步修复棺椁并将其运往开罗
12	1932年至1933年之冬	对埃及开罗博物馆重新组装的棺椁和墓室中的石棺进行拍摄

时间线

（括号中的数字，指本书50份档案的编号）

1922年	11月1日	帝王谷发掘季的开始［4］
	11月4日	发现台阶［5-6］
	11月5日	封闭的门被打开
	11月23日	卡那封勋爵到达卢克索［3］
	11月25日	打开第一扇封闭的门
	11月26日	打开第二扇封闭的门［7-9］
	11月29日	陵墓的正式开启
	12月27日	清理前厅工作开始（1923年2月中旬完工）[11-18, 37, 39, 41-42, 44-45]
1923年	2月16日	打开墓室 [20-21; 亦见 47-49]
	4月5日	卡那封勋爵在开罗去世
	5月14日	第一批装有文物的板条箱运往埃及博物馆（5月22日到达）［19］
1924年	1月3日	打开棺椁；石棺露出 [23-26]
	2月12日	举起外椁盖板［27］
	4月12日	卡特在美国和加拿大举行巡回演讲（7月2日结束）［46］
1925年	10月13日	揭开外棺的盖板［28］
	10月23日	揭开中棺的盖板［29-30］
	10月28日	揭开内棺的盖板，露出黄金面具和木乃伊［31］
	11月11日	木乃伊检测工作开始（11月19日完工）[32-33]

1926年	10月23日	将国王的尸体重新安放在国王的内棺中
	10月24日	开始在宝库的工作（1927年11月完工）[34-35, 38, 43]
1927年	11月30日	开始在附属建筑的工作（12月15日完工）[36, 40]
1930年	11月3日	打开墓室中的棺椁［10，22］
	11月10日	从墓室中移出被拆除的棺椁
1932年	2月1日	最后的文物（被拆除的棺椁）运往开罗
1933年	1月中旬	拍摄石棺最后的照片［50］
1939年	3月2日	霍华德·卡特在伦敦去世
	8月26日	第一批图坦卡蒙档案从伦敦运往牛津，放置在阿什莫尔博物馆的“保护性存放点”；由菲利斯·沃克于1945年5月10日捐赠给格里菲斯研究所
1940年	6月27日	哈利·伯顿在埃及艾斯尤特去世
1946年	5月初	卡特收藏的一套由伯顿拍摄的玻璃底片从伦敦运往格里菲斯研究所
1955年		卡特所绘的图坦卡蒙墓地图和平面图，以及他早期在帝王谷和埃及其他地方的发掘工作，由纽约大都会艺术博物馆捐赠给格里菲斯研究所

档案指南

格里菲斯研究所与图坦卡蒙墓相关的档案都以TAA（Tut-AnkhAmun）为前缀：

TAA i 霍华德·卡特的发掘记录，主要材料；

TAA ii 除了发掘记录的材料，例如由梅斯处理的写给卡特的邮件，如第47份到第48份文件；

TAA iii 二手材料；

TAA iv 租借到格里菲斯研究所的主要材料，例如梅斯对开放墓室的记录（见第20份）。

霍华德·卡特与图坦卡蒙墓无关的档案被编为卡特MSS（例如第4份）。其他的个人材料也以同样的方式命名，例如戴维斯 MSS，加德纳 MSS，皮特里MSS，罗斯摄影照片以及格里菲斯研究所的水彩画和素描。

归类为“伯顿”的图片缩写为字母P（指照片）。这些照片主要由伯顿拍摄，但也有一些是其他人拍摄的（见第6份）。它们以多种形式呈现，如玻璃底片、底片副本或影印版本（包括原始和现代）。字母组合“LS”指根据这些图片制作的“玻璃幻灯片”（见第46份）。伯顿和卡特还拍摄了90多张帝王谷景观图，其中包括图坦卡蒙墓的外观及相关活动（见第19份）；最初用罗马数字给这些主要发掘照片编号，但是现在编为前缀为KV（帝王谷）加上阿拉伯数字。

这些照片和图画通常是没有记录日期的（例如第3份、第6份），日期必须通过现存的团队活动记录推断出来，例如卡特的日志与日记可以同图片中展示的物品与事件相比较。我们尽量做得详细，但是往往只能标注可能的日期范围。

格里菲斯研究所的档案可以在网上查阅，网址是www.griffith.ox.ac.uk/archive和 https://archive.griffith.ox.ac. uk/index.php。图坦卡蒙的相关材料可以在网站：www.griffith.ox.ac.uk/discoveringTut上查看。这些网页包括由卡特编号的墓中物品清单，3500件物品卡的扫描和打印版。除了卡特的原始编号外，墓中物品还有埃及开罗博物馆分配的编号、展览编号（和卡特的编号一同在网上列出）以及大埃及博物馆的新编号。博物馆也展出了伯顿拍摄的发掘照片、霍华德·卡特发掘日志的时间表以及带有手稿和图片的日记、卡特为计划全面出版墓室发现成果所做的注释和绘画、相关地图与平面图、阿尔弗雷德·卢卡斯创建的保护记录，关于发现与清理的其他报告以及卡特早期的工作材料。

档案中的引文

2 “我从父亲那里继承……”：霍华德·卡特，“自传叙略”，卡特 MSS vi.2.9.1.

3 “C. 勋爵”，术语，例如，1922 年 11 月 8 日霍华德·卡特的发掘日志，TAA Archive i.2.1.29.

7 “伟大时刻”：伊芙琳·赫伯特女士写给霍华德·卡特的信，1922 年 12 月 26 日，引自 T.G.H. 詹姆斯：《霍华德·卡特：通往图坦卡蒙之路》，修订本，平装版，伦敦，2001 年，第 464 页。

“当卡那封勋爵……”：霍华德·卡特：《图坦卡蒙墓：已故卡那封勋爵和霍华德·卡特的发现》，三卷本，伦敦，1923 年—1933 年，第 1 卷，第 94-96 页。

8 “奇形怪状的镀金长榻……”“一大堆……”：1922 年 11 月 26 日的发掘日志，TAA Archive i.2.1.35.

18 “如果没有他们的参与……”：卡特：《图坦卡蒙墓》，第 3 卷，第 152 页。

20 “就像是……”“每个人……”：1923 年 3 月 3 日梅斯的记录，TAA Archive iv.1.3（经奥尔家族许可复制）。

加德纳写给妻子的信，加纳德 MSS 47.08.6。

23 “剪断了……”：1924 年 1 月 3 日的发掘日志，TAA Archive i.2.1.101.

25 “带着激动的心情……”：卡特：《图坦卡蒙墓》，第 1 卷，第 45 页。

28 “在所有的富丽堂皇中……”：卡特：《图坦卡蒙墓》，第 2 卷，第 53 页。

“小心翼翼地取下……”：1925 年 10 月 17 日的发掘日志，TAA Archive i.2.3.19.

29 “当热气袭来……”：卡特：《图坦卡蒙墓》，第 2 卷，第 81 页。

30 “即使这些植物……”：卡特：《图坦卡蒙墓》，第 2 卷，第 79 页。

31 “悲伤却平静……”：1925 年 10 月 28 日的发掘日志，TAA Archive i.2.3.41.“

暗示着英年……”：卡特：《图坦卡蒙墓》，第 2 卷，第 83 页。

32 “科学尸检”：1925 年 10 月 1 日的发掘日志，TAA Archive i.2.3.1.

34 “这是我见过的……”：1923 年 3 月 3 日梅斯的记录，TAA Archive iv.1.4（经奥尔家族许可复制）

35 “黑色的，阴森的……”：卡特：《图坦卡蒙墓》，第 3 卷，第 33 页。

36 “拥挤……”：卡那封勋爵写给艾伦·加德纳的信，1922 年 11 月 28 日（日期不明），加德纳 MSS，剪报集，1.39.1。

“是这座王陵……”：卡特：《图坦卡蒙墓》，第 3 卷，第 99 页（原版 MS, TAA Archive i.2.10）

43 “展示悬挂的方法”：《伦敦新闻画报》，1927 年 4 月 23 日，第 726 页。

46 “热烈的掌声”：《泰晤士报》，1923 年 9 月 22 日，第 8 页。

47 “信件……”：《泰晤士报》，1923 年 1 月 19 日，第 10 页。

“墓室中取出的小象征物”：来自 C·福斯特·海耶斯的信，堪萨斯城，密苏里州，1923 年 2 月 17 日，TAA Archive ii.3.7.

48 “在打开……”：艾拉·扬写给霍华德·卡特的信，1923 年 4 月 8 日，TAA Archive ii.3.23.

50 “完成”：哈利·伯顿写给 H.E. 温洛克的信，1933 年 1 月 20 日，引自 C. 里格斯：《拍摄图坦卡蒙：考古、古埃及与档案》，伦敦，2019 年，第 31 页（MMA/HB: 1930-1935）.

译名对照表

Abinger Harvest《阿宾格收获集》
Adam Lowe 亚当·洛
Ahascragh 阿哈斯克拉
Ahmad Shawqi 艾哈迈德·邵基
Ahmed Gerigar 艾哈迈德·格里加
Akademie-Verlag 学术出版社
Akhenaten 埃赫那吞
Al Ahram《金字塔报》
Alaa Awad 阿拉·阿瓦德
Alan H. Gardiner 艾伦·H. 加汀纳
Albert M. Lythgoe 阿尔伯特 M. 莱斯格
Alderman, Fairchild Co 欧德曼·仙童公司
Alfred Lucas 阿尔弗雷德·卢卡斯
Alison Hobby 艾莉森·霍比
Amédée Forestier 阿梅迪·福雷斯蒂尔
Amherst of Hackney 哈克尼的阿默斯特
Anne- Claire Salmas 安妮·克莱尔·沙赫普尔
Anthony Roth Costanzo 安东尼·罗斯·科斯坦佐
Antiquities Service of Egypt 埃及古物局
Anubis 阿努比斯
Arthur Callender 阿瑟·卡伦德
Arthur Mace 阿瑟·梅斯
Arthur Merton 阿瑟·莫顿
Arthur Vander 阿瑟·万德
Ashmolean Museum 阿什莫林博物馆
Assuan 阿斯旺
Asyut 艾斯尤特
B.M. 大英博物馆
Bloomsbury 布卢姆茨伯里
Bodleian Library Publishing 伯德利图书馆出版社
C. Foster Hayes C. 福斯特·海耶斯
Cassell 卡塞尔
Castlegar 卡斯尔加
Cat on a Hot Tin Roof《朱门巧妇》
Cat Warsi 凯特·沃尔斯
Christian J. Conner 克里斯蒂安·J. 康纳
Christina Riggs 克里斯蒂娜·里格斯
Conflicted Antiquities《矛盾的文物》
Conflicted Antiquities: Egyptology, Egyptomania, Egyptian Modernity《矛盾的文物：埃及学、埃及热以及埃及现代性》
Corpus der hieroglyphischen Inschriften aus dem Grab des Tutanchamun《图坦卡蒙墓的圣书体铭文》
Daily Express《每日快报》
Daniela Rosenow 丹妮拉·罗斯诺
Deir el-Bahari 巴哈利
Diana Magee 黛安娜·麦基
Dot Little 朵特·利特尔
Douglas Derry 道格拉斯·德里
Dublin 都柏林
Duke University Press 杜克大学出版社
Durham 达勒姆
Duroprene 固化剂
E. Arnold E. 阿诺德
E.M. Forster E.M. 福斯特
Edward Robinson 爱德华·罗宾逊
Egypt Exploration Fund /Society 埃及勘探基金会 / 学会

Egyptian Museum Cairo 埃及开罗博物馆
el-Amarna 阿玛尔那
Eleanor Dobson 埃琳诺·道布森
Elizabeth Fleming 伊丽莎白·弗莱明
Elizabeth Frood 伊丽莎白·弗鲁德
Ella Young 艾拉·扬
Elliott Colla 艾略特·科拉
Emily Bush 艾米丽·布什
Evelyn Herbert 伊芙琳·赫伯特
Factum Foundation 事实基金会
Fatma Keshk 法特玛·凯什克
Fiona Strachan 菲奥娜·斯特拉岑
Flinders Petrie 弗林德斯·皮特里
Francisco Bosch-Puche 弗兰西斯科·博世–普世
Gad Hassan 加德·哈桑
Gaddis & Seif 加迪斯和塞义夫
Gaston Maspero 加斯顿·马斯伯乐
George Edward Stanhope Molyneux Herbert 乔治·爱德华·斯坦霍普·莫利纽克斯·赫伯特
Grand Egyptian Museum 大埃及博物馆
Griffith Institute 格里菲斯研究所
Gurna 古纳村
H.E. Winlock H.E. 温洛克
Harold Parkinson 哈罗德·帕金森
Harry Burton 哈利·伯顿
Hathor 哈托尔
The Tomb of Tut.ankh.Amen: Discovered by the Late Earl of Carnarvon and Howard Carter《图坦卡蒙之墓：由已故勋爵卡那封和卡特发现》
Heba Abd el-Gawad 希巴·阿贝德·埃尔–加瓦德
Hebatallah Ibrahim 赫巴塔拉·伊布拉希
Hedwig 海德薇
Helen Murray 海伦·默里
Henrietta McCal 亨丽埃塔·麦考尔
Hieratic Inscriptions from the Tomb of Tut῾ankhamūn《图坦卡蒙墓中的祭祀体铭文》
Horst Beinlich 霍斯特·宾利希
Howard Carter 霍华德·卡特
Howard Carter: The Path to Tutankhamun《霍华德·卡特：通往图坦卡蒙之路》
Hussein Abd el-Rassu 侯赛因·阿贝德·埃尔-拉苏
Hussein Abu Awad 侯赛因·阿布·阿瓦德
Hussein Ahmed Said 侯赛因·艾哈迈德·赛义德
Hypostyle Hall 多柱厅
Imperial Laboratories 帝国实验室
Indian and Colonial Rough Diary 印度和殖民地简略日记
James Henry Breasted 詹姆斯·亨利·布雷斯特德
James Ivory 詹姆斯·伊沃里
James Sinclair 詹姆斯·辛克莱
Janet Phillips 珍妮特·菲斯普斯
Jaromir Malek 亚罗米尔·马利克
Jaroslav Černý 雅罗斯拉夫·塞尔尼
Jenni Navratil 珍妮·纳夫拉蒂尔
John Ross 约翰·罗斯
Kansas City 堪萨斯城
Karen Almond 凯伦·阿尔蒙德

Karen O'Brien 凯伦 · 奥布里恩
Leanda Shrimpton 琳达 · 施林普顿
Letts 莱茨本
Liam McNamara 利亚姆 · 麦克纳马拉
Lindsley Foote Hall 林斯利 · 福特 · 霍尔
Lord Carnarvon 卡那封勋爵
Lucas 卢卡斯
Luke Dillon-Mahon 卢克 · 迪伦 - 马宏
Mace 梅斯
Madeline Slaven 玛德琳 · 斯拉文
Maren Schentuleit 玛瑞思 · 申图里特
Marianne Eaton- Krauss 玛丽安 · 伊顿 – 克劳斯
Melissa Downing 梅丽莎 · 唐宁
Merenptah 麦伦普塔
Met Opera 大都会歌剧院
Metropolitan Museum 大都会博物馆
Minnie C. Burton 明妮 · C. 伯顿
Mohamed Saleh 穆罕默德 · 萨利赫
MO 密苏里州
Norfolk 诺福克
Oriental Institute 东方研究所
Oxford Humanities 牛津大学人文学院
Paul Collins 保罗 · 柯林斯
Penguin Books 企鹅出版社
Percy E. Newberry 珀西 E. 纽伯里
Peter Clark 彼得 · 克拉克
Philip Glass 菲利普 · 格拉斯
Photographing Tutankhamun: Archaeology, Ancient Egypt, and the Archive《拍摄图坦卡蒙：考古、古埃及与档案》
Phyllis Walker 菲利斯 · 沃克
Pierre Lacau 皮埃尔 · 拉考
Ramses II 拉美西斯二世
Ramses IV 拉美西斯四世
Ramses VI 拉美西斯六世
Ramses XI 拉美西斯十一世
Reginald A. Malby & Co. 雷金纳德 ·A. 马尔比公司
Rochester 罗切斯特
Saad Zaghloul 萨德 · 扎格卢勒
Saleh Bey Hamdi 萨利赫 · 贝 · 哈姆迪
Sallyanne Gilchrist 萨利安 · 吉尔克里斯特
Samuel Fanous 塞缪尔 · 范诺斯
Selim Hassan 塞利姆 · 哈桑
Selket 塞尔凯特
Sety II 塞提二世
Snakes and Ladders 蛇梯棋
Sue Hutchison 苏 · 哈奇森
Susie Foster 苏西 · 福斯特
T.G.H. James T.G.H. 詹姆斯
Taurus Parke 图尔斯 · 帕克
temple of Hatshepsut 哈特舍普苏神庙
Tennessee Williams 田纳西 · 威廉斯
The Athenaeum 雅典娜神庙
the Grand Egyptian Museum 大埃及博物馆
the hall of the chapel of Anubis 阿努比斯礼拜堂大厅

The Illustrated London News《伦敦新闻画报》
The Milk Train Doesn't Stop Here Anymore《牛奶列车不在此停》
The Night of the Iguana《巫山风雨夜》
The Queen's College 王后学院
the temple of Hatshepsut at Luxor 卢克索的哈特摄普苏特神庙
The Times《泰晤士报》
The Tomb of Tut.ankh.Amen: Discovered by the Late Earl of Carnarvon and Howard Carter《图坦卡蒙墓：已故卡那封勋爵和霍华德·卡特的发现》
The Unknown Tutankhamun《未知的图坦卡蒙》
The Waves《海浪》
Thomas Hall 托马斯·霍尔
Tutankhamun 图坦卡蒙
Tutankhamun: Anatomy of an Excavation《图坦卡蒙：档案剖析》
Tutmania 图坦卡蒙热
Tutoom 图特姆
Tyssen Amherst 泰森·阿默斯特
Ulrike Roesler 乌尔丽克·罗斯勒
Urkunden der 18. Dynastie 第十八王朝文献
Victoria McGuinness 维多利亚·麦吉尼斯
Vincent Razanajao 文森特·拉萨纳乔
Virginia Woolf 弗吉尼亚·伍尔夫
Walter Hauser 沃尔特·豪瑟
William Carter 威廉·卡特
William Matthew Flinders Petrie 威廉·马修·弗林德斯·皮特里
Wolfgang Helck 沃尔夫冈·赫尔克
Writing the Sphinx: Literature, Culture and Egyptology《书写斯芬克斯：文学、文化和埃及学》

延伸阅读

Allen, S.J., *Tutankhamun's Tomb: The Thrill of Discovery*, photographs by Harry Burton, Metropolitan Museum of Art, Yale University Press, New Haven and London, 2006.

Carter, H., *The Tomb of Tut.ankh.Amen: Discovered by the Late Earl of Carnarvon and Howard Carter*, 3 vols, Cassell, London, 1923–33.

Colla, E., *Conflicted Antiquities: Egyptology, Egyptomania, Egyptian Modernity*, Duke University Press, Durham, NC, and London, 2007.

Collins, P., and L. McNamara, *Discovering Tutankhamun*, Ashmolean Museum, Oxford, 2014.

Connor, S., and D. Laboury (eds), *Tutankhamun: Discovering the Forgotten Pharaoh, Exhibition Organized at the Europa Expo Space TGV Train Station 'Les Guillemins', Liège, 14th December 2019–30th August 2020*, Ægyptiaca Leodiensia 12, Presses Universitaires de Liège, Liège, 2020.

Daudy, K., *I Am Easy to Find* [artist's response to *Tutankhamun: Treasures of the Lost Pharaoh*, Saatchi Gallery], Kate Daudy Studio, London, 2020.

Dobson, E., '"Wonderful Things": Howard Carter, Literary Genre and Material Intertextuality', in *Writing the Sphinx: Literature, Culture and Egyptology*, Edinburgh Critical Studies in Victorian Culture, Edinburgh University Press, Edinburgh, 2020, pp. 21–58.

Eaton-Krauss, M., 'Publications in Monographic Form of the "Treasure" of Tutankhamun, 1952–2020', *Göttinger Miszellen*, vol. 262, 2021, pp. 217–25.

Eaton-Krauss, M., 'Tutankhamun's Tomb and "Treasure," 1922–1939', in press.

Eaton-Krauss, M., *The Unknown Tutankhamun*, Bloomsbury, London, 2016.

Hawass, Z., *King Tutankhamun: The Treasures of the Tomb*, photographs by Sandro Vannini, Thames & Hudson, London, 2007.

Ikram, S., 'An Epistolary Footnote: Howard Carter, Saleh Hamdi Bey, and Tutankhamun's Mummy', in Martina Ullmann, Gabriele Pieke, Friedhelm Hoffmann and Christian Bayer (eds), *Up and Down the Nile: Ägyptologische Studien für Regine Schulz*, Ägypten und Altes Testament 97, Zaphron, Münster, 2021, pp. 205–8.

James, T.G.H., *Howard Carter: The Path to Tutankhamun*, rev. paperback edn, Taurus Parke, London, 2001.

Malek, J., *The Treasures of Tutankhamun*, Andre Deutsch, London, 2006.

Reeves, N., *The Complete Tutankhamun: The King, the Tomb, the Royal Treasure*, Thames & Hudson, London, 1990.

Reeves, N., and J.H. Taylor, *Howard Carter before Tutankhamun*, British Museum Press, London, 1990.

Reid, D.M., *Contesting Antiquity in Egypt: Archaeologies, Museums and the Struggle for Identities from World War I to Nasser*, American University in Cairo Press, Cairo, 2015.

Reid, D.M., 'Remembering and Forgetting Tutankhamun: Imperial and National Rhythms of Archaeology, 1922–1972', in William Carruthers (ed.), *Histories of Egyptology: Interdisciplinary Measures*, Routledge, London and New York, 2015, pp. 157–73.

Riggs, C., 'Photography and Antiquity in the Archive, or How Howard Carter Moved the Road to the Valley of the Kings',

History of Photography, vol. 40, no. 3, 2016, pp. 267–82.
Riggs, C., *Photographing Tutankhamun: Archaeology, Ancient Egypt, and the Archive*, Bloomsbury, London, 2019.
Riggs, C., 'Photographing Tutankhamun: Photo Objects and the Archival Afterlives of Colonial Archaeology', in Julia Bärnighausen, Costanza Caraffa, Stefanie Klamm, Franka Schneider and Petra Wodtke (eds), *PhotoObjects: On the Materiality of Photographs and Photo Archives in the Humanities and Sciences*, Max Planck Research Library 12, Max Planck Gesellschaft zur Förderung der Wissenschaften, Berlin, 2020, pp. 291–308.
Riggs, C., *Tutankhamun: The Original Photographs*, Rupert Wace Ancient Art, London, 2017.
Roehrig, C.H. and M. Daniel, 'Harry Burton (1879–1940): The Pharaoh's Photographer', in *Heilbrunn Timeline of Art History*, The Metropolitan Museum of Art, New York, 2009, www.metmuseum.org/toah/hd/harr/hd_harr.htm.
Winstone, H.V.F. 1991, *Howard Carter and the Discovery of the Tomb of Tutankhamun*, Constable, London, 1991.

Publications of the tomb of Tutankhamun by the Griffith Institute, Oxford

Beinlich, H., and M. Saleh, *Corpus der hieroglyphischen Inschriften aus dem Grab des Tutanchamun*, 1989.
Černý, J., *Hieratic Inscriptions from the Tomb of Tutʿankhamūn*, Tutʿankhamūn's Tomb Series 2, 1965.
Davies, N.M., and A.H. Gardiner, *Tutankhamun's Painted Box*, 1962.
Eaton-Krauss, M., *The Sarcophagus in the Tomb of Tutankhamun*, 1993.
Eaton-Krauss, M., *The Thrones, Chairs, Stools, and Footstools from the Tomb of Tutankhamun*, 2008.
Eaton-Krauss, M., and E. Graefe, *The Small Golden Shrine from the Tomb of Tutankhamun*, 1985.
El-Khouli, A.A.-R.H., R. Holthoer, C.A. Hope and O.E. Kaper, *Stone Vessels, Pottery, and Sealings from the Tomb of Tutʿankhamūn*, 1994.
Jones, D., *Model Boats from the Tomb of Tutʿankhamūn*, Tutʿankhamūn's Tomb Series 9, 1990.
Leek, F. F., *The Human Remains from the Tomb of Tutʿankhamūn*, Tutʿankhamūn's Tomb Series 5, 1972.
Littauer, M.A., and J.H. Crouwel, *Chariots and Related Equipment from the Tomb of Tutʿankhamūn*, Tutʿankhamūn's Tomb Series 8, 1985.
Manniche, L., *Musical Instruments from the Tomb of Tutʿankhamūn*, Tutʿankhamūn's Tomb Series 6, 1976.
Manniche, L., *The Ornamental Calcite Vessels from the Tomb of Tutankhamun*, 2019.
McLeod, W., *Composite Bows from the Tomb of Tutʿankhamūn*, Tutʿankhamūn's Tomb Series 3, 1970.
McLeod, W., *Self Bows and Other Archery Tackle from the Tomb of Tutʿankhamūn*, Tutʿankhamūn's Tomb Series 4, 1982.
Murray, H., and M. Nuttall, *A Handlist of Howard Carter's Catalogue of Objects in Tutʿankhamūn's Tomb*, Tutʿankhamūn's Tomb Series 1, 1963.
Tait, W.J., *Game-Boxes and Accessories from the Tomb of Tutankhamun*, Tutʿankhamūn's Tomb Series 7, 1982.

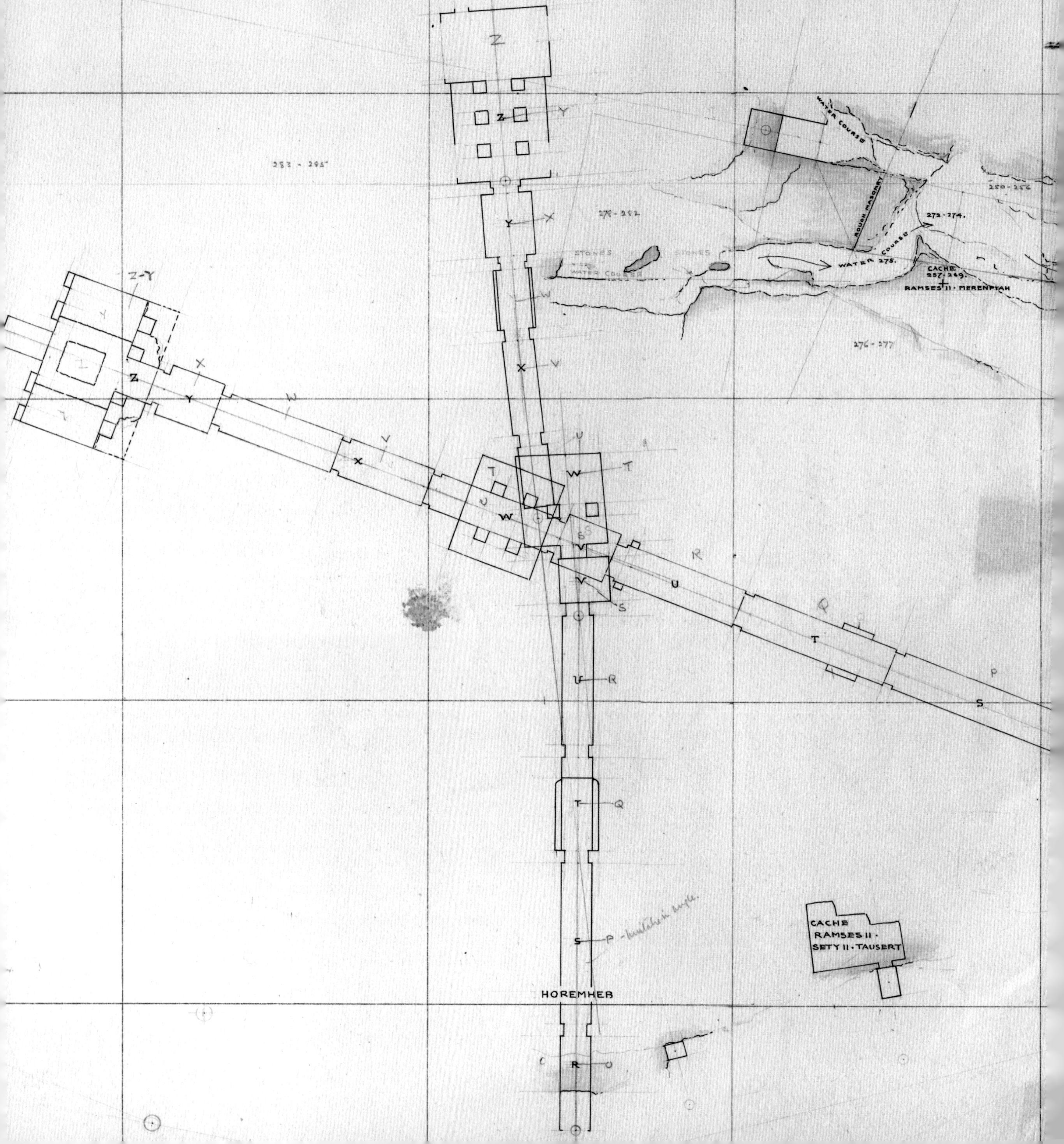
HOREMHEB
CACHE
RAMSES II ·
SETY II · TAUSERT
CACHE
257-269.
RAMSES II · MERENPTAH
WATER COURSE
ROUGH MASONRY
WATER COURSE
WATER 275.
272-274.
STONES
STONES
WATER COURSE
278-282
276-277
283-285
250-256

RAMSES IX
CACHE AKHENATEN
RAMSES VI
WATER COURSE
DEEP WATER COURSE
DEPOSIT OF BOULDERS
DEEP WATER COURSE
LARGE BOULDERS FORMING HUTS
No 2
No 3
370-371
197
189
248
125-130
244-246
247.
109-124
249.
133-137
139-142
132. 138. 145. 146.
144-145
146-200.
147-188
190-196
106-108.
211-212
131
284-298
299
300
301-2
433
435
434
320-3
324-5
350
345-6
347.
337-340
348-9
341-2
343-4
112° 14'

261 ANUBIS

POSITION: Placed in Centre of Chamber, partially
west. Ends of carrying-poles of shrine protr
into the Burial Chamber (See note attache

DIMENSIONS: Anubis
Pedestal

A.B. Occipital Tuberosity to Ti
C.D. Head of Humerus to
E.F. Depth of body, chest,
G.H. Point of Elbow (olecranon)
I.J. Calcaneum to end of Met
K.L. length of tail.